なるにはBOOKS

大学
学部調べ

経済学部

山下久猛 著

ぺりかん社

はじめに

この本を手に取ってくれたあなたは、大学受験を考える時期に差しかかり、どの学部を選ぼうかと悩《なや》んでいるところだと思います。もしくは、経済学部に興味があるかもしれません。日本にはさまざまな学部・学科があります。そのなかからひとつを選ぶのはなかなか難しいですよね。もちろん、選んだ大学・学部でその先の人生のすべてが決まるわけではは決してないのですが、そうはいっても大学4年間は長いし、人生に大きな影響《えいきょう》を与《あた》えることは間違《まちが》いないでしょう。だからこそみなさんも悩《なや》むのだと思います。

学部を選ぶ際は、深く探究したい学問や将来やりたい仕事で考える人ももちろんいるでしょうが、それらがまだ決まっていない人のほうが多いのではないでしょうか。私もそうでした。高校時代、とりあえず大学には行こうと思っていたのですが、特に学びたい学問もなく、将来やりたい仕事も思《おも》い浮《う》かばなかったので、どの学部に入ればいいのかまったくわからなかったのです。そんな私が選んだのは、政治経済学部経済学科でした。理由は、「経済学は扱《あつか》う分野がとても広く、文系に分類される学問だが、理系を含《ふく》めあらゆる学問ともつながっている。営利・非営利を問わず、この世のすべての企業《きぎょう》、団体は経済活動に参加しているので、経済学部で勉強したこと、身につけた知識や物の見方、考え方は、社会に出てどんな業界・業種・職種の仕事をする上でも役に立つ。だから、経済学部を出ていれば潰《つぶ》しがきく。つまりどんな仕事でもできる」といわれていたからです。

実際、その通りでしたが、今回、この本を書くにあたり、もう一度経済学に関する書籍《しょせき》を何冊か読んでみたところ、大学で学んだことをみごとに忘れていました。卒業して約30年経っているという事実に加え、恥《は》ずかしながら大学時代、あまり真剣《しんけん》に勉強しなかったからです。このことを今、ものすごく後悔しています。もっと勉強しておけばよかった、できるならばこれからもう一度経済学部に入り直したいと思うくらいです。その理由は、さまざまな大学の経済学部の教員、在校生、卒業生などに経済学に関していろいろと話をうかがったことによって、経済学はなんておもしろい学問なんだ、とあらためて痛感したからです。彼らにこの場を借りて深く御礼申し上げます。

そもそも経済とは、人が生きることそのものだといってもいい過ぎではありません。それを探究する経済学が、おもしろくないわけがないですよね。具体的にどうおもしろくて役に立つかは、本書にくわしく書いてあるので読んでみてください。

この本がみなさんの学部選びの参考になれば、とてもうれしく思います。

著者

経済学部　目次

3章

経済学部のキャンパスライフを教えてください

＊本書に登場する方々の所属・情報などは、取材時のものです。

1章

経済学部は
どういう学部ですか？

Q1 経済学部は何を学ぶところですか？

そもそも「経済」とは何か

みんなは「経済学」と聞くとどんなことをイメージするかな？　ぼんやりと「お金儲《もう》けの学問」って思う人が多いんじゃないだろうか。もちろんその側面もあるけど、それだけじゃない。経済学は、ざっくり言うと経済や社会全体の仕組みを研究する学問だ。

じゃあ「経済」ってなんだろう？　この問いにはっきりと即答《そくとう》できる人は、大人でもなかなかいない。形があって目に見えるものでもないし、そのくせ大きすぎてつかみどころがなく、得体が知れないものだからだ。辞書で調べてみると、「人間の共同生活の基礎《きそ》をなす財・サービスの生産・分配・消費の行為《こうい》・過程、ならびにそれを通じて形成される人と人との社会関係の総体。転じて、金銭のやりくり」と書いてある（『広辞苑《こうじえん》』第七版）。これでもよくわからないよね。

みんなが「経済」と聞いて思《おも》い描《えが》くのはどんなことだろう。ニュースや新聞に出てくる

株や為替《かわせ》、原油の値動きの数字じゃないかな。それでなんとなく難しいとか、とっつきにくいと感じている人もいるかもしれない。

だけど、そんな数字だって、回り回って私たちの日常生活に大きな影響《えいきょう》を及《およ》ぼしている。たとえば1ドル当たりの円の価値が安くなる円安になると、日本で安く物が買えるから、海外からの観光客が増える。近年、来日する外国人が増えた大きな理由のひとつがこれだ。円高になると主に製品を海外に輸出している会社は損失が大きくなり、困ったことになる。そんな会社に勤めているお父さんやお母さんは給料が減って、きみたちのお小遣《こづか》いも減らされるかもしれない。また、原油1バレル当たりの価格の変動によって、ガソリンや灯油の値段や、電気代が上がったり下がったりする。人びとは少しでも安くガソリンや灯油を買いたいから、原油価格が下がった時にいつもより余分に買おうとする。このように経済はふだんの生活と直結しているんだ。

それに何より、意識してないだろうけど、みんなも日々経済にかかわっている。現代社会ではお金がなければ生きていくことはできないから、人びとは会社などで働いたり、農家のように自分で野菜をつくったりして、その対価としてお金をもらう。そしてそのお金でスーパーマーケットに行って食料品を買ったり、衣料店に行って服を買ったり、家を買ったり家賃を払《はら》ったり、散髪《さんぱつ》をしたり、教育を受けたりして生活している。辞書に載《の》っている「財」とは、食料品や服などの形のあるもの、「サービス」が散髪《さんぱつ》や教育などの形のないものだ。このお金と財・サービスの交換《こうかん》を経済活動といい、財・サービスを生産する企業《きぎょう》、購入《こうにゅう》する家計、医療《いりょう》や道路などの公共サービスを提供する政府を経済主体という。経済活動の背後には、各経済主体同士の社会的関係がある。**つまり、お金と財・サービスの交換《こうかん》という経済活動を通じて、人と人が繋《つな》がって、社会がつくられているんだ。**

もちろん、親からもらったお小遣《こづか》いで買い物をしたり遊びに行ったりすることも、アルバイトをしてお金を稼《かせ》ぐこともりっぱな経済活動だ。だからみんなも知らず知らずのうちに日々経済活動に参加

主な学部の系統別分類

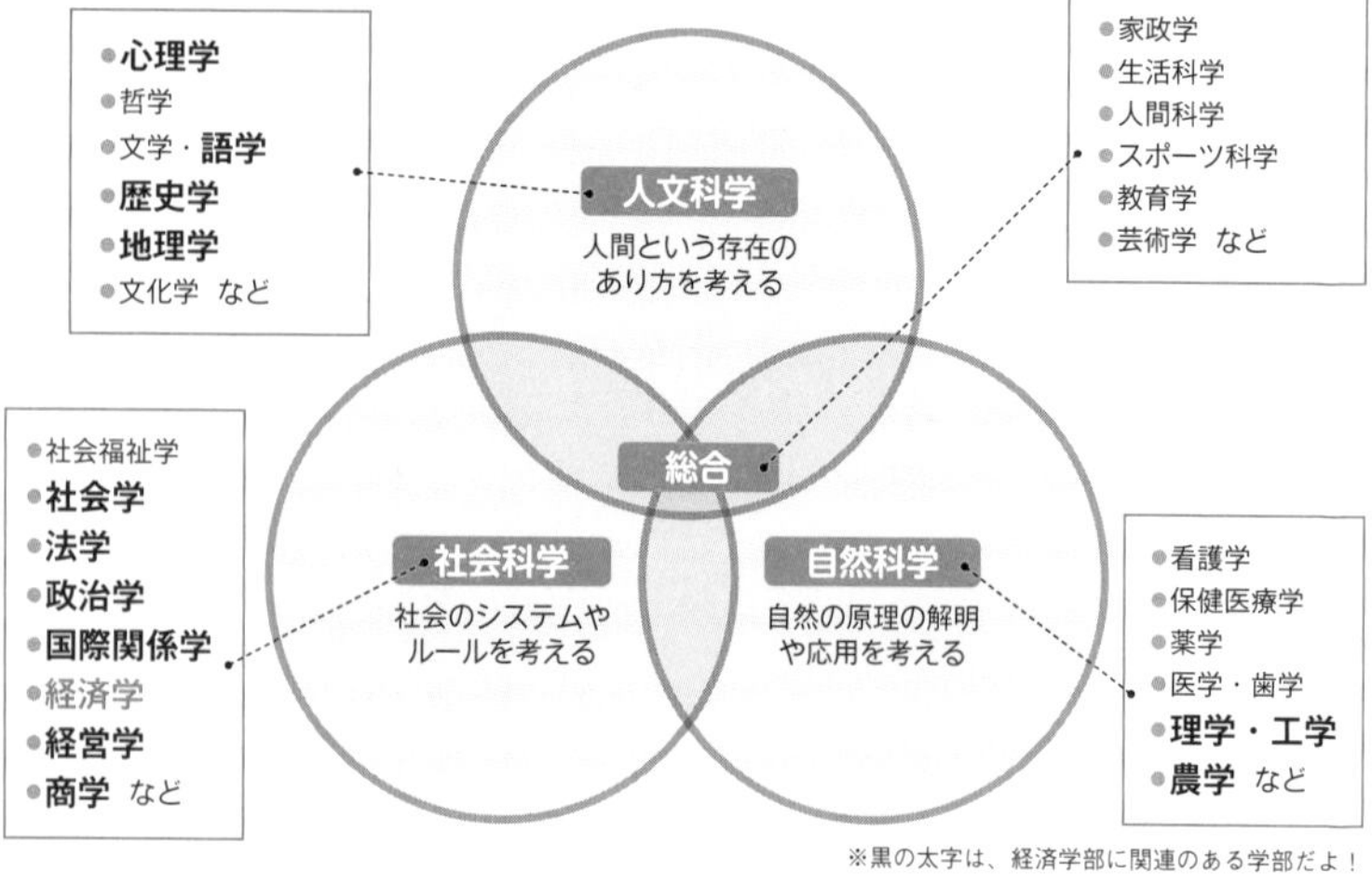

※黒の太字は、経済学部に関連のある学部だよ！

していて、この社会をつくりあげている一員になっているんだ。そう思えば、経済学もすごく身近なものに感じてはこないだろうか。経済学とは、経済の仕組みを通じて社会の成り立ちを学ぶ学問ともいえるんだ。

経済の語源

でも単にお金のやりとりを扱《あつか》うのが経済学じゃない。そもそも経済という言葉の語源は、「経世済民＝国を治め人民を救うこと」。つまり、人びとの生活をより豊かにし、幸せにすることによって、平和で暮《く》らしやすい国にするために、あらゆる事象を探究して、問題を解決するためによりよい方策を考えて提言するのが経済学の役割なんだ。みんなが幸せに暮《く》らしていくには、限られた資源をいかに利用し、どのような物やサービスをつくり、得られた富をどのように分配すべきかを考える必要がある。資本主義社会とはいえ、貧富の差が激《はげ》しくなると社会そのものが不安定になる。そうならないために、みんなに公平に富が行《い》き渡《わた》るように、公正な経済活動の規範《きはん》を示すのも、経済学の基本的な役割なんだ。

人びとを幸せにするためのあらゆることを学ぶところだ

Q2 経済学部では具体的にどういうことを学びますか？

経済学は人間味あふれる学問

もう少し、経済学という学問について深掘《ふかぼ》りしてみよう。みんなは品物の値段がどうやって決まるか知っているかな？　需要と供給という言葉を聞いたことがあると思う。ある品物について、売りたい人はその価格を高くすると売れた場合それだけもうかるから増えるけど、買いたい人は価格が高いと買いたくないから減る。この「買いたい」が需要で、「売りたい」が供給だ。逆に安くすると買いたい人は得をするから増えるけど、売りたい人はもうけが少なくなるから減る。

こんな感じで、売られている品物の数よりも買いたい人のほうが多い状態（超過《ちょうか》需要）なら、その品物の価格は徐々に上がり、買いたい人よりも売られている品物の数が多くて、余っている状態（超過《ちょうか》供給）なら価格は徐々に下がる。その結果、両者のバランスがちょうど合うところの価格となる。この価格を均衡《きんこう》価格という。市場における物やサービス

の価格は、この需要と供給のバランスで決まるんだ。

企業《きぎょう》や個人が高く売ってもうけたいとか、安く買って得したいという利己的な振《ふ》る舞《ま》いをしても、市場を通じてバランスが取れて、適切な価格に落ち着く。これを「マーケットメカニズム」とか「価格の自動調節機能」、「神の見えざる手」というよ。

たとえば、一時期マスクがぜんぜん買えないことがあったよね。その時はマスクの価格がものすごく高くなった。街中のお店やネットショップで売られている数＝供給量より、欲しい人の数＝需要量のほうが圧倒的《あっとうてき》に多い超過《ちょうか》需要の状態だったからだ。でも、しだいに供給量が増えて、多くの人が買えるようになるとマスクの価格も徐々《じょじょ》に下がり、最後には10分の1ほどの価格にまで下がった。

スーパーで売られている野菜も同じ。お母さんが、「最近キャベツが高くて困る」とこぼしているのを聞いたことがないだろうか。大雨が続いて野菜の供給量が少なくなり、買いたい人に行《い》き渡《わた》らなくなることで価格が上がるからだ。それも天候が回復し、野菜の供給量が増えるにつれて安くなり、ちょうどいい価格に落ち着く。

人は経済合理性だけでは動かない

経済学を語る上でもうひとつ大事なことがある。**この世界で起こる経済活動は、すべて**

人の意思がからんでいる。「利益を得たい」「豊かになりたい」「生活を便利にしたい」「幸せになりたい」といった人の欲望や願望が原動力になり、さまざまな物やサービスがつくられたり、できごとが起こったりする。言《い》い換《か》えれば、人は基本的に損得勘定《かんじょう》で動く。

みんなだって常に損はしたくない、得をしたいと思って意思決定したり行動したりするよね。これを経済合理性というんだ。この考え方を基準に思考を変えることで、利益を得たり得られなかったりと、その結果がどんどん変わってくるし、物の価格も変動する。経済について語る時に、この経済合理性やマーケットメカニズムという言葉がよく使われる。だけど、人間の行動はそんなにきれいに割り切れるものじゃない。

人間というものは、自分が損をするとわかっていても、そちらを選んだりする。たとえば、みんなもしたことがあると思う「募金《ぼきん》」や「ボランティア」。自分のもっているお金や時間は減るし、見返りはないけれど、少しでも困っている人の助けになりたいという気持ちで募金《ぼきん》をするると思う。一見、経済合理性に反しているように見えるけれど、それによって「ありがとう」と感謝されたり、何かの役に立てればうれしくなるよね。これはそれらの行為によって得られた利益だ。だからこれも立派な経済活動といえる。

人間にはこのような「心」があるので、経済合理性だけですべては語れない。人の心や行動のメカニズムも経済学の研究対象のひとつだとわかれば、今までなんとなくよくわからない、難しい学問分野だと思っていた経済学が、人間味あふれるおもしろい学問だな、と興味がわいてこないだろうか。ある先輩《せんぱい》は、経済学部の授業でこういうことを学ぶことがとてもおもしろかったと語っていたよ。

治安の向上にも利用できる

また、たとえば、犯罪が多発している地区では安心して商売ができないから、治安をよくしなければならない。そのためには、暴力、窃盗《せっとう》、略奪行為《りゃくだつこうい》を法律で厳しく取《と》り締《し》まったり罰《ばっ》したりすることもひとつの方法だけど、それだけでは不十分だ。そういった犯罪行為《こうい》をする人の多くは、仕事がなくて貧困にあえいでいる。ならば、雇用《こよう》の場をつくって自分で稼《かせ》いで暮《く》らしていけるようにしたほうが、根本的な解決になるよね。そのためにはどうしたらいいかを研究して、その施策《しさく》を考え出せるのも経済学なんだ。だから、経済学は社会の安定に寄与できる学問だともいえる。

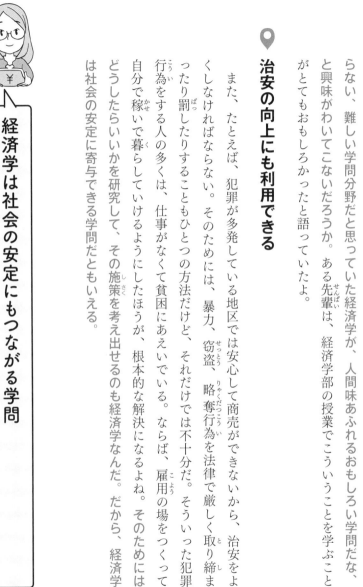

Q3 ほかに経済学にできることはありますか？

日本を再び豊かにできる可能性も

ほかにも経済学にできることはいろいろある。みんなは両親が、「給料が上がらない」と嘆《なげ》いているのを聞いたことはないかな？　その理由も経済学で説明できる。ニュースなどで、インフレーション（インフレ）やデフレーション（デフレ）という言葉を聞いたことがあると思う。インフレとは物価が上がり、市場にたくさんお金があふれる現象で、デフレはその逆だ。インフレになると物価も上がるけれど多くの人の給料も上がる。

日本はもう20年ほどデフレの状態が続いている。金利がかつてないほど下がるなど、インフレが起きる条件は整っているけれど、実際には起きていない。その理由のひとつは、製品をつくる会社が海外に工場を移しているから。いわゆる産業の空洞《くうどう》化《か》だ。生産拠点《きょてん》が増えれば、現地にお金が落ちて経済が回ることで物価が上がる。ただ、日本国内の生産拠《きょ》点《てん》は増えないので、この現象が起きない。そして、デフレ下では製品が高いと売れないか

ら、「企業《きぎょう》はできるだけ安く売る→利益をあまり上げられない→社員の給料が上がらない→消費者でもある企業《きぎょう》の社員が高い物を買えない」という悪循環が起きている。経済学を学ぶことによってこのメカニズムがわかれば、解決策をひねり出すことも可能になる。

人の生死を左右する学問でもある

また、経済学は人の生死をも左右する。たとえば、アメリカの金融《きんゆう》市場で株価が暴落したことで世界恐慌《きょうこう》が起こった。それをきっかけに第二次世界大戦が始まり、大勢の人が亡くなった。また、2020年に起こった新型コロナウイルスによるパンデミックでは、「経済活動を自粛《じしゅく》すべき」「いや回すべきだ」という論争が巻き起こった。人が密集すると感染のリスクは高まるけれど、自粛《じしゅく》ばかりして経済活動が止まると、店や会社が潰《つぶ》れて生活苦に陥《おちい》る人や死んでしまう人も増える。だから、経済は人が生きることそのものでもあり、かつ人の生死に直結する。そして経済学は、理論や実証で解決策を考え、このような悲劇を防ぐこともできる。言い換《か》えれば経済学は、人の命を救うこともできる学問なんだ。

Q4

経済学を学ぶメリットはなんですか？

相手の立場を考えられるようになる

Q2で、〝経済活動は人の欲望に基づいて生み出され変化する〟といったけれど、勉強も同じ。これを学んだら得をすると思わなければ、勉強したいという欲求は起こらないよね。その経済学的見地から、経済学を学んだらどんないいことがあるのか、経済学の先生に教えてもらった話を元に解説しよう。

社会人はみんな毎日働いてお金を稼《かせ》ぎ、そのお金を使って物を買って生活したり、子どもを養ったりしている。当然、その裏側には物やサービスをつくる人たちもいる。

確かに消費者（商品やサービスの購入者《こうにゅうしゃ》・利用者）の立場からすれば、自分たちの生活のために物やサービスを1円でも安く買いたい。一方で生産者・販売者《はんばいしゃ》の立場からすれば、同じく自分たちが生きていくために1円でも高く売りたい。どちらが正しいとか間違《まちが》っているとかではなくて、**経済は売る人、買う人がいてはじめて回る。**そんな経済の仕組

みが理解できると、自分自身が社会の一部であるとわかると同時に、ある時は自分が消費者でありつつも、ある時は自分が生産者であるように、自分や他人の立場も時と場合によって変わることが実感できる。

それならばおたがいの立場を理解し、尊重した上で生きたほうがいいよね。たとえば、消費者として買い物をする時のことを考えてみよう。とにかく安ければいいという考え方で安く買《か》い叩《たた》くと生産者を経済的に苦しめることになる、ということがわかっていれば、ちゃんと正当な対価を払《はら》って、物やサービスを提供してくれる側の人たちの生活を支えたいと思うようになるんじゃないかな。

日常生活のなかでもう少し具体的に解説しよう。たとえば、黒猫《くろねこ》がトレードマークの宅配便の会社があるよね。でも、黒猫《くろねこ》のマークがついていないトラックや制服で荷物を届けてくれるケースもよくある。これはなかなか気づかないけど、実は大事なポイントなんだ。

その人たちは黒猫《くろねこ》の宅配便会社の社員ではなくて、その会社から仕事を請《う》け負《お》っている、いわゆる下請《したう》け業者と呼ばれる別の会社の人たちなんだ。どうしてそんなことをするのかというと、毎日、日本中の会社や家庭から依頼《いらい》される大量の荷物をさばくことは、黒猫《くろねこ》の会社だけではとてもできないし、それをやろうとすると、人件費やトラック代など経費が莫大《ばくだい》にかかってしまって配送料が高くなる。それを防ぐために、たくさんの小さな会社や個人事業主に配送業務を委託《いたく》しているんだ。

経済学ではこういうことも学べるし、では、「その下請《したう》けで働いている人たちはどのくらいの割合でいるのかな」とか、「どんな課題やリスクをかかえているのかな」という疑問が生じるので調べる。ちなみに疑問に思ったことを自主的に勉強することも、大学での学びの特徴《とくちょう》だ。そうやって調べていけば、下請《したう》けの人たちの大変さがわかって、「何時にもって来い」とか、「すぐ再配達しろ」といったわがままは言えなくなっちゃうよね。

このように、経済学を学ぶことで、自分さえよければいいという利己的な気持ちが薄《うす》らいで、弱い立場に置かれている人たちに目を向けられる心が養われ、相手のことを思いやったり、公平・公正ということも考えられるようになる。その結果、世の中のいろいろな軋轢《あつれき》や衝突《しょうとつ》が減って、もう少し優しい社会になるんじゃないかな。

目先の利益に惑《まど》うことがなくなる

また、経済学を学ぶと、進路選択《せんたく》でも役に立つよ。たとえば、まさにみんながこれから進学しようとしている大学は、ものすごくお金がかかる。国立大学の場合は4年間で約250万円、私立大学の文系で約400万円を超《こ》える学費が必要となる。さらに部活やサークルに入るとその費用がかかったり、下宿が必要な大学に入ると毎月の生活費などの費用もかかる。仮に、すべて合わせて1000万円かかるとしよう。

高校卒業後、すぐに就職したらこの1000万円はかからない。でも、高卒で就職した場合と大学進学した場合の損益の差は、これだけではない。なぜなら、高校卒業後すぐに就職したら、給料がもらえるからだ。この場合の差は、「1000万円＋就職したことによって得られた4年間分の給料」ということになる。**これを経済学用語で機会費用という。**

ならば高校卒業後すぐに働いたほうが、大学の学費もかからず給料ももらえるので得だ、と考える人もいるかもしれない。でも、学校卒業後に正社員として就職し、60歳《さい》で退職した場合の生涯賃金は、高卒よりも大卒のほうが約6000万円も多いというデータもあるんだ。そのため、長い目で見ると大学に進学したほうが得ということもあり、年々大学に進学する人が増えている。

この機会費用という考え方を知っていれば、人生の岐路《きろ》に立ってどちらを選べばいいか迷った時、ひとつの判断基準になる。その結果、自分が納得できる選択肢《せんたくし》を選べる可能性が高くなるんだ。

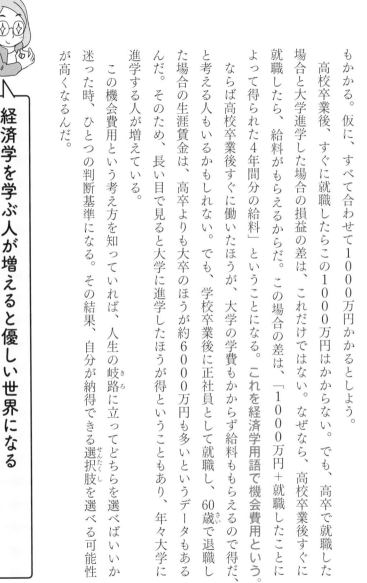

経済学を学ぶ人が増えると優しい世界になる

Q5 経済学の魅力やおもしろいところはなんですか？

あらゆる学問が関係する幅《はば》の広さ

経済とは意識している、していないにかかわらず、この世界に生きるすべての人が関与《かんよ》している。だから経済学は扱《あつか》う分野は幅広《はばひろ》く、社会の仕組みや人びとの行動、国内外の国の政策を研究することによって、社会問題の解決に寄与できる。そのため、政治、法律、社会、心理、国際関係、数学、科学、技術など文系・理系を問わず、ほぼすべての学問領域がからんでいる。たとえば、シンプルな数理モデルをつくって企業《きぎょう》などの利益の最大化を考える分野もあれば、数学は使わず経済学の立場で、少子化問題や貧困問題、東京一極集中問題などの原因を究明し解決策を考え、政府に提言する分野もある。ある経済学部の教授は、それが経済学のいちばんの魅力《みりょく》だと教えてくれたよ。

それゆえに経済学部の教員も非常に多様で、いろいろな立場の人がいる。たとえば、女性の社会進出という面から経済を研究している先生は、女性が子育て、介護《かいご》、仕事の三つを両立できる社会をどうつくるかを研究している。それも経済学のひとつなんだ。

中小企業論《きぎょうろん》の魅力《みりょく》

また、ミクロ経済学のひとつである中小企業論《きぎょうろん》を専門に研究している先生は、こうも教えてくれたよ。**一般的《いっぱんてき》に、経済学は金もうけの学問だと思われているけれど、決してそうではない。経済学は私たちの日常生活の質の向上に直結している学問分野で、それがいちばんの魅力《みりょく》。**究極の研究目的は、企業《きぎょう》がどうすれば安定して長く経営を続けられるかということ。そのために、経営者や従業員は何をすべきなのか、国や地方自治体はどのような産業政策を立案、施行《しこう》しなければならないかを考える。このような研究は、従業員の不安の解消や地域活性化にも繋《つな》がる。産業界で困っている人たちに対して改善するような施策《しさく》を考えるのは、とてもやりがいがある。

実際に中小企業論《きぎょうろん》のゼミに入った学生は、中小企業《きぎょう》の経営者などに話を聞いたりしてその研究に参加できるのは、とてもおもしろいと話していたよ。

広範囲《こうはんい》の学問にふれられ、人の役に立てること

Q6

どんな人が集まってくる学部ですか？

将来の可能性を広くもちたい人

あらゆる企業《きぎょう》や団体は経済活動を行っている。だから、昔《むかし》から経済学部を卒業したらどんな仕事にも就ける、就職の間口が広いといわれている。実際に経済学部に入った人に話を聞くと、「働くようになった時に、経済のことをわかっていないとまずい」「なんとなく社会の流れの仕組みを勉強したい」「経済の知識を身につけておくと、日常生活に役立つ」「日本の経済についてあまりにも知らないから、深く理解したい」「まだ具体的にやりたい仕事が決まっていないから、将来の選択肢《せんたくし》を幅広《はばひろ》くもちたい」「経済学部では幅広《はばひろ》く学べて何にでもなれる」という理由が多かったよ。

より具体的な目的をもっている人も

Q2では、経済は人の意思や欲望によって動いているといったけど、その意味でいうと経済学は、損得勘定《かんじょう》で人びとの行動を説明する学問だともいえる。そこに興味をもって、人間の行動を解明したいと思い、経済学部を選ぶ人もいるよ。また高校で、「政治経済や現代社会の授業が好きだった」という人も多い。今回話を聞いた先輩《せんぱい》のなかには、「現在の社会を学ぶ上でこれまでの経済の歴史を学ぶ必要があり、その授業がおもしろくて興味をもったので、より経済について学びたいと思った」という人もいたよ。

将来の職業が決まっている人も

経済学部で学べる科目のなかには、会計、税務系の国家試験に出てくる科目も多い。特に、会計や財務について学ぶ会計ファイナンス学科などでは、財務会計論や管理会計論、簿《ぼ》記《き》などを学べるので、将来は公認会計士、税理士、公務員をめざす人も集まってくる。

また、将来発展途《と》上国《じょうこく》がより豊かになるための支援《しえん》がしたいから、どのような経済政策が有効かを学びたいという人もいるよ。

いろいろな人が集まってくる

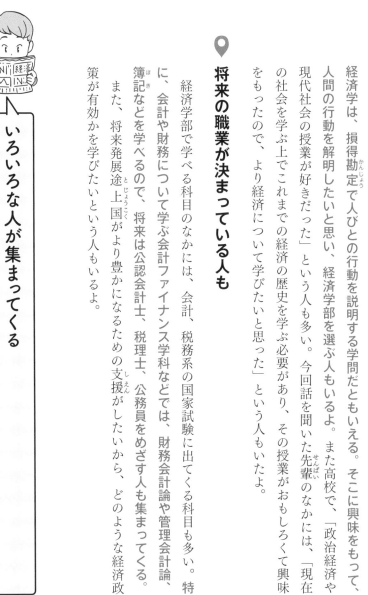

Q7

学んだことを社会でどう活かせますか？

自分の頭で正しく判断できるようになる

経済学部で経済理論を学んだり、統計の手法を使ってデータを分析《ぶんせき》し数字の意味を読み解く力を身につけると、経済環境《かんきょう》の変化を理解できるようになる。そして、国やマスコミが発表したデータを見ても、安全か、危険かの判断ができるようになる。

たとえば、為替《かわせ》が円高になって、新聞やテレビが「円高だから景気が悪くなる」と報じたとする。でも一方では、円高になれば輸入品が安く買えるので、すべての業界の業績が悪化するわけではない。確かに輸出メインの会社は困るけれど、今は食品、衣類など多くの製品が輸入で成り立っている時代だ。円が強ければそれだけ輸入品が安く買えて、私たち一般《いっぱん》消費者は豊かになれる。企業《きぎょう》だって、円高なら買おう、円安になったら売ろうという判断が自分自身でできる。

だから経済学を学ぶと、円高だからまずい、困ったと感情的に訴《うった》えるマスコミは、一

方的な見方で報道していることがわかるので、報道に惑《まど》わされなくなる。つまり、自分がもっている経済学の知識を使って世の中の動きを正しく読み解くことができ、データに一喜一憂《いっきいちゆう》して感情的に動いてしまって失敗する、といったことが減るんだ。

このように経済学部では、基本的な社会や経済活動の仕組み、ものの見方や考え方を学んで、自分自身で分析《ぶんせき》して自分なりの答えを出す知恵《ちえ》を身につけられる。そして、経済環境《かんきょう》の変化を自分の目と耳で観察して、理解できるようになる。その結果、自分自身の心も安定するし、正しい判断・行動ができて、自分も家族も幸せになれるんだ。企業《きぎょう》の経営者は時流の変化を見抜《みぬ》いて対応策を考え出せるから、企業《きぎょう》を長く存続させられる。

あらゆる業界・業種・職種で役に立つ

また、このような経済学部で学んだ経済に関する基礎《きそ》知識や、基本的な社会や経済活動の仕組み、ものの見方や考え方は、社会に出て働くようになっても役に立つ。

まず、経済は生活や給料に直結する。社会人は自分の財産を守らなければならないし、家族を養わなければならない。だから、世の中のほぼすべての人がいちばん気にしているのは、経済の動きだ。経済学では、経済活動に参加する個人、企業《きぎょう》、政府の経済主体の関係性を学ぶので、世の中の大まかな仕組みや流れがイメージできる。これができれば、

「世の中の動きはこうなっているから、こういう製品やサービスをつくろう」とか、逆に「こういう戦略・企画《きかく》はやめよう」などの提案が、仕事上でできるようになる。

また、前にもふれたように、経済活動は個々人の思惑《おもわく》や欲望が色濃《いろこ》く作用して成り立っているので、経済学を学ぶと相手の立場も思いやれるようになる。仕事上でも、自分の利益ばかりを優先して主張するのではなく、相手の利益も考えることによって、ビジネスをうまくまとめることができる。もちろん社内でも、いろいろな部署の人たちの意向をうまくくみとって、問題を解決したり納得できる落としどころを見つけられる。このように成果を出せると、社内の評価も上がり、出世して、給料が増える可能性が高くなるんだ。

即戦力《そくせんりょく》として働ける可能性も

経済学部にはたくさんの研究分野、科目があるので、その専門領域によって学ぶことはまったく違《ちが》う。たとえば、ある大学の中小企業論《きぎょうろん》のゼミの学生や卒業生は、年間30以上の会社を訪問し、経営者や従業員に会社の成り立ちや業務内容などをくわしく聞いて、レポートにまとめていた。先輩《せんぱい》や先生のOKが出るまで何回も書き直したという。

この経験から、まずメールの書き方や名刺交換《こうかん》の仕方、礼儀《れいぎ》作法など基本的なビジネスマナーが身につく。また、さまざまな会社を実際に自分の目と耳で見聞きすることによっ

て、企業《きぎょう》活動の本質が理解できるし、自分に合う会社を見極めやすくなるだろう。

それに、世の中の多くの仕事は、多かれ少なかれ人とコミュニケーションを取ることなしには成立しない。特に多くのお得意先と商談しなければならない営業職はそうだ。その時に、ゼミで何十回と社長と対等に話していた経験があるので、営業電話をかける時も対面で商談する時も、物怖《ものお》じせずに話せたと答えてくれた卒業生がいたよ。

内勤の職種でも、社内のいろいろな部署の人たちと話さなければならない。その際、相手から仕事に必要な情報を引き出すことがとても重要になる。そんな時も、多くの人にヒアリングした経験はとても役に立つ。さらに、仕事のなかでは報告書や調査書や企画書《きかくしょ》など、意外と文章を書く機会が多い。その時も、ゼミで先輩《せんぱい》や先生に鍛《きた》えられた文章作成能力のおかげで、同期よりも早くレポートを提出できると話してくれた卒業生もいた。

また、公共政策系のゼミでは、区役所や市役所などの行政機関に行って、職員から実際に話を聞いたり、いろいろな視点で社会問題を考えることができるので、公務員としてさまざまな行政課題に取り組む際、その経験が役に立つだろう。

経済学部で学んだことは、日常生活でも仕事の現場でも役に立つ

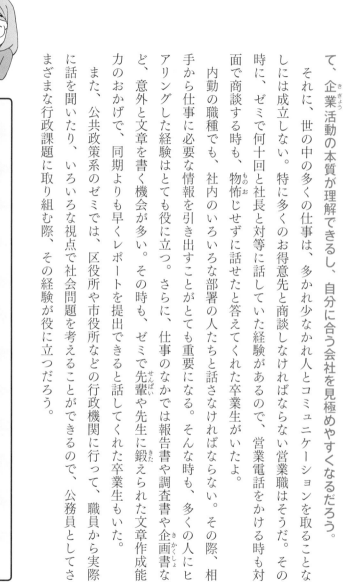

2章

経済学部では
どんなことを学びますか？

Q8

経済学部の主な学科はなんですか?

基本的な三つの柱

経済学部は、人の行動や社会全体を研究対象とする学問なので、学ぶ領域はとにかく広い。ゆえに、学ぶ分野もとても多く、学科の種類も多種多様だよ。だけど、経済学部として学ぶ柱は基本的に同じだ。大きく分けて「理論部門」「歴史・思想部門」「政策部門」の三つがあるよ。

理論部門では、経済学の基礎《きそ》となる経済理論を学ぶ。どの大学の経済学部でも必修となっていて、最初に学ぶのがミクロ経済学とマクロ経済学の基礎的《きそてき》な内容だ。このふたつは経済学の二大理論として、すべての応用経済分野の理論的枠組《わくぐ》みの基礎《きそ》となっているよ。

ミクロは「微小《びしょう》な」という意味で、ミクロ経済学はその名の通り、経済主体の最小単位である家計(個人消費者)や企業《きぎょう》(生産者)の行動を扱《あつか》う。この二者が経済的な取引を行う市場を分析《ぶんせき》対象とし、需要と供給による価格決定メカニズムや、世の中にある資源

の配分について研究するよ。財政学、金融論《きんゆうろん》、国際経済学、産業組織論などの応用分野に対して、分析《ぶんせき》の基礎《きそ》理論を提供している。

マクロは「巨大な」という意味で、マクロ経済学は個別の経済活動を集計した一国経済全体を扱《あつか》い、国レベルでの景気動向や経済成長について研究する。分析《ぶんせき》の対象となる市場は、生産物市場、貨幣《かへい》市場、労働市場で、国民所得、失業率、インフレーション、貯蓄《ちょちく》、貿易収支などの経済的現象のデータから、社会がかかえている問題点を発見する。公共経済学、金融《きんゆう》経済学、労働経済学、地域経済学などの科目群の基礎《きそ》となる。

ミクロやマクロの経済理論をデータ分析《ぶんせき》によって実証する学問が計量経済学だ。たとえば、国民所得が下がっていたら理論からモデルをつくり、関連するデータを集めてその値を入力して、因果関係や解決策を推測する。このように、身近な経済的現象を取り上げ、消費者物価指数や国内総生産（ＧＤＰ）、失業率、景気動向指数などを分析《ぶんせき》することで、統計分析《ぶんせき》能力が身につくよ。

歴史・思想部門では、アダム・スミスやジョン・メイナード・ケインズ、カール・マルクスなどの経済理論の土台をつくった著名な経済学者の学説やその思想から、現在に至るまでの日本や世界の経済の歴史を学ぶ。経済理論がつくられた時代背景や経済学者の人物像など、経済学の歴史と思想を学ぶことにより、広い視野と長期的な視野で世の中の動きを見る目を養うことができるよ。

政策部門では、これらの知見を元に、実際の経済社会で起こる問題を解決するためにはどういう政策を打つべきなのかを、経済・財政政策から社会保障・労働政策まで幅広《はばひろ》く学ぶよ。

いろいろな学科がある

経済学部のなかにある学科の種類を調べてみると、大きく経済系、経営系、政策系、地域系、社会系、法学系、金融《きんゆう》・会計系、国際系などに分けられる。ただ、これらは明確に分けられているというわけではなく、経済系のなかに法学系や国際経済系があったり、経営系と法学系が合体している学科があったりする。また、

経済学部にある主な学科と専門領域

経済・政治・法律について学ぶ
●経済学科 ●産業経済学科 ●経済法学科 ●政治経済学科 ●経済システム法学科 ●法律経済学科 ●経済法学科 ●法経政策学科 ●経営法学科 ●法経学科 など

経営・会計・金融について学ぶ
●経営学科 ●経営法学科 ●会計ファイナンス学科 ●税務会計学科 ●金融学科 ●ビジネス戦略学科 ●日本経済と財政・金融コース など

国際経済について学ぶ
●国際経済学科 ●国際環境経済学科 ●国際政治経済学科 ●グローバル経済と環境・資源コース など

政策・行政について学ぶ
●経済政策学科 ●観光政策学科 ●地域社会システム学科 ●公共政策学科 ●地域政策学科 ●地域経済学科 ●公共・環境経済学科 ●地域環境政策学科 など

経済系、経営系、政治系、国際系など、たくさんの学科があるよ

○○経済大学という経済学部しかない大学や、経済学部のなかに経済学科しかない大学は、経済学にまつわるほとんどの科目を学べるようになっている。

経済学部での学びに共通しているのは、経済の専門知識を身につけることで、お金の流れや人間の行動を含《ふく》めた社会全体の仕組みを理解し、社会問題を解決するための論理的思考力、決断力、行動力を身につけること。それらはどんな業界・業種・職種でも活かせる。

たとえば、公認会計士になりたければ会計系、公務員になって社会のために貢献《こうけん》したいならば政策系や地域系、グローバルな舞台《ぶたい》で活躍《かつやく》したいならば国際経済系、自分で会社を起業して経営したいならば経営系といったように、将来就きたい職業で選ぶこともできる。

ただし、経済学部にどんな学科や専攻《せんこう》があるかは、大学によって違《ちが》う。学科の名称も異なっていて、途中《とちゅう》で名前が変わったり、新設されたりすることもよくある。また、政治経済学部など経済学と別の学問がいっしょになっていたり、経済学部内にある学科と同じような学科が別の学部にある大学もあるので、各大学のホームページで事前によく調べよう。

Q9

経済学科では何を学びますか?

経済学全般《ぜんぱん》を幅広《はばひろ》く学べる

ほぼすべての「経済学部」という名称の学部のなかにあるのが経済学科だ。経済学科しかない大学も少なくない。数多くの分野や科目を扱《あつか》うので、経済学を全般的《ぜんぱんてき》に幅広《はばひろ》く学びたい人にはぴったりな学科だ。

経済学科のカリキュラムは教養・語学などの科目を含《ふく》む導入・基礎《きそ》科目、それらを発展させた応用・専門科目で構成されているよ。通常の講義以外にも、1年生から輪読をする少人数のゼミを設けたり、経営者やビジネスマンなどによる講義、インターンシップなど、さまざまな勉強ができる大学も多い。

さらに2年生以降は、視野を大きく広げるために選択《せんたく》科目で、経営・法律系科目を学ぶ大学もあるよ。3、4年生から本格的に始まるゼミでは、現実のいろいろな社会・経済現象の背後に潜《ひそ》む本質を理解するために、経済学を応用できる力を養う。経済学を基礎《きそ》から

応用まで段階的に学ぶことで、経済の本質をとらえ、変化の激《はげ》しい時代を生《い》き抜《ぬ》くための自分なりの判断力を身につけることができる。また、現実に起こっている経済的問題点を洗い出して、解決策を探ったり対応したりする力も身につく。

コース制を採用している大学も

なかには学問領域を系統的に分類した三つのコースをガイドラインとして、興味や関心に沿った分野を学べる大学もあるよ。その三つのコースを紹介《しょうかい》しよう。

「理論・数量」コース——現実に起きるさまざまな経済現象を理論的に分析《ぶんせき》したり、GDPなど各種の経済データを数量的に解析《かいせき》し検証して、経済の実態を探る。

「応用経済」コース——経済問題を理論的・実証的に分析《ぶんせき》する方法を修得し、金融《きんゆう》、産業、財政、貿易、社会保障、労働、環境《かんきょう》などの問題への対応策を探る。

「歴史・思想」コース——経済の諸問題の原因を解明するとともに、現在までの経済の成り立ちや諸制度の具体的内容と実態、過去の経済学者たちの思想などを学ぶ。

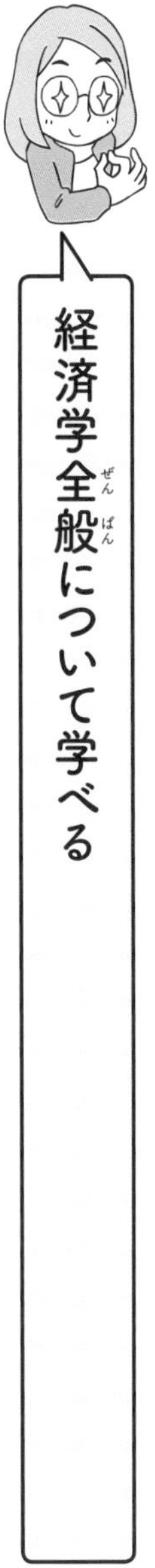

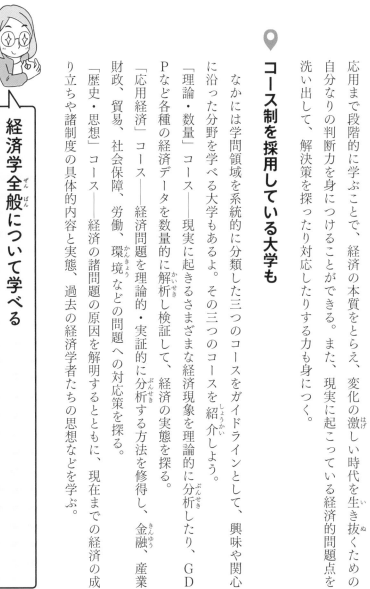

Q10

経営学科では何を学びますか？

経済学部の学科のなかで二番目に多い

経済学部の学科のなかで、二番目に多いのが経営学科だよ。経営学とは、経済活動のなかで重要な主体のひとつである企業《きぎょう》をはじめとした自治体、病院、学校、非営利団体（NPO）などの組織が、長期的に持続・成長するために何をすべきかを考える学問だ。

世の中にはたくさんの企業《きぎょう》があるけど、長く存続することはほんとうに難しい。ほとんどの企業《きぎょう》が10年以内に倒産《とうさん》する、といわれているんだ。長く生き残るためには、人びとや社会にとって価値ある製品やサービスを生み出し続け、そこで働く人びともやりがいを感じ続けられるような組織にする必要がある。経営学は、このような組織を増やすことで、人びとの生活をより豊かにすることをめざす学問なんだ。

そのために、長年存続している企業《きぎょう》の事例を調べて、いい企業《きぎょう》が満たしている要素やいい組織の共通点などを探究したり、企業《きぎょう》の経営活動に関する専門知識を体系的に学習

する。それによって、経営課題を発見・解決したり、合理的な意思決定を下すことができる人材の育成をめざしているよ。経営学部がある大学には、そのなかに設置されている。

カリキュラムの特徴《とくちょう》

ほとんどの大学の経営学科では、経営学、マーケティング、会計学の3分野を体系的に学んでいく。1年生はまずは経営学の基礎的《きそてき》な理論や技術、方法論などを学び、経営的な視点や考え方を養うところからスタートする。そして問題発見、文献《ぶんけん》・情報・データの収集、分析《ぶんせき》などの経営学の学習方法を身につける。2年生からは段階的に専門性の高い講義を履修《りしゅう》するよ。より高度な理論、その応用方法を学び、自分の強みとなる領域を伸《の》ばしていく。経営学を体系的に理解したところで、3年生からはゼミで専門知識をさらに深める。組織の全体を見渡《みわた》し、時流を読んで判断を下す経営的なセンスは、経済や政治、法律の知識も含《ふく》めた幅広《はばひろ》い教養を身につけることで、さらにみがきがかかる。経営学英語特修プログラムの授業で国際的感覚を養う、といった学び方ができる大学もあるよ。

企業《きぎょう》経営について学ぶ

Q11 経済政策学科では何を学びますか？

多様化・複雑化した経済的問題

経済がグローバル化した今日では、経済的な問題は多様化、複雑化している。たとえば、世界的な金融《きんゆう》危機、資源・食糧《しょくりょう》問題、地球環境《かんきょう》問題、貧困問題、少子高齢化《こうれいか》問題、地域間格差問題など、どの問題も一筋縄《ひとすじなわ》では解決できないんだ。これらのさまざまな問題を解決するために、国や政党が立てる具体的な計画や方法を「政策」と呼ぶよ。たとえば、「経済成長と環境《かんきょう》保護をどう両立するか」「今の時代に合った税制度とは」「社会保障制度のあり方とは」など、経済にかかわる多様な問題を解決するために、金融《きんゆう》政策や都市政策、産業政策、社会保障政策、環境《かんきょう》政策などのさまざまな政策について学ぶ。

また、社会の動きと経済に関する知識を幅広《はばひろ》く学ぶとともに、政策を実行した場合の効果や影響《えいきょう》を予測する「政策分析《ぶんせき》」の手法も勉強するよ。「課題先進国」といわれ、少子高《こう》齢化《れいか》、地域の過疎化《かそか》、エネルギーの供給問題など、世界に先例のない問題に直面している

日本にとって、政策の結果や効果を予測する手法は欠かせないんだ。

身につけられる知識・スキル

経済と政策の土台となる理論を学び、「経済活動と地球環境《かんきょう》との調和の図り方」や「望ましい税制度のあり方」など、社会が直面している課題を解決するための政策立案力が身につくよ。また、民間では対応できない公的課題に対する公共機関の政策内容や、政策決定の過程、決定にかかわる利益団体などを、政治経済学的な視点から分析《ぶんせき》し、より広い公的な視点を獲得《かくとく》できる。さらに、さまざまな経済問題に対する具体的な政策について、経済的側面からだけでなく、背景にある政治・社会的側面など多角的な視点から立案の過程を分析《ぶんせき》する複眼的考察力を養うことができる。

これらの知識やスキルを身につけることによって、卒業後は国家・地方公務員、政治家、政治経済専門ジャーナリストになる人も多い。経済学部のなかには総合政策学科、地域政策学科、公共政策学科、観光政策学科などをもつ大学もあるよ。

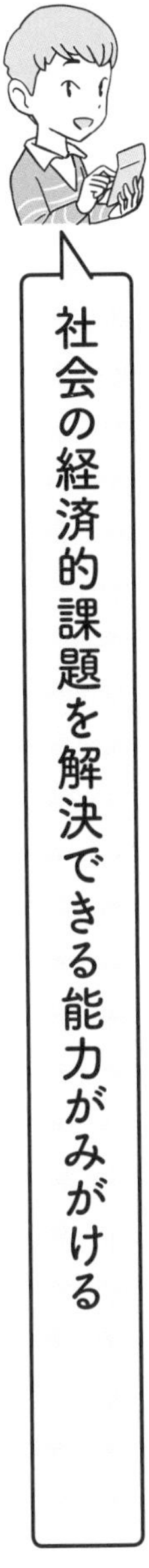
社会の経済的課題を解決できる能力がみがける

Q12 会計ファイナンス学科では何を学びますか？

会計学とファイナンスの両方を学べる

会計ファイナンス学科では、会計学とファイナンスの両方を学べる。目的は、企業《きぎょう》経営に関する幅広《はばひろ》い知識を活かして経済の動きや企業《きぎょう》の財務を分析《ぶんせき》できる人、企業《きぎょう》を科学的に分析《ぶんせき》しお金の流れをマネジメントするプロフェッショナル、企業《きぎょう》の経理・財務分野のスペシャリストなどを育成することだ。そのために、1、2年生は、経済学や会計学、簿記《ぼき》、統計学、ファイナンス基礎《きそ》などの入門的な科目を学び、3年生以降は、主にアカウンティング、ファイナンス、マネジメントの三つの専門分野を重点的に勉強する。

会計とファイナンスのどちらを中心に学びたいかで、履修《りしゅう》モデルを選べる大学もあるよ。具体的な学びをいくつか紹介《しょうかい》しよう。まずは財務会計論。企業《きぎょう》会計はビジネスに必要不可欠なツールであり、しばしばビジネスの言語と表現されている。企業《きぎょう》会計をビジネスの言語として使いこなすには、財務諸表がどのようなルールに基づいて作成されてい

るのかを理解するとともに、それがどのような情報を提供しているのかを適切に理解する必要がある。だから財務会計論では、財務会計の全体像を把握《はあく》するために、日本の会計制度をざっと学んだ上で、財務諸表の基本様式を中心に学ぶ。

二つ目は会計監査論《かんさろん》。「株式市場の番人」とも呼ばれる公認会計士が行う財務諸表監査《かんさ》を学ぶよ。財務諸表監査《かんさ》とは、企業《きぎょう》が作成する財務諸表（決算書）を検証し、それがほんとうに正しいのかを判断すること。監査《かんさ》が適切に行われないと、みんなの資産が減り、大損することになる。公認会計士の仕事、監査《かんさ》の仕方、従業員の不正や横領を防ぐ内部統制、さらに粉飾《ふんしょく》決算のやり方と発見方法などについても学ぶよ。

三つ目が原価計算論。原価計算とは、簡単にいうと製造業の簿記《ぼき》会計のこと。実在する企業《きぎょう》の財務諸表を使って、その読み解き方を学ぶ。でも、原価計算はただ原価を計算する方法だけではなく、戦略的・投資意思決定、利益管理、財務諸表作成など、企業《きぎょう》経営をよくするためのさまざまな目的があり、奥《おく》が深いんだ。売り上げの動向の原因を分析《ぶんせき》したり、展望を予想したりする。この学科は、経営学部や商学部に設置されている大学も多い。

経済や企業《きぎょう》を分析《ぶんせき》するノウハウを学ぶ

Q13 国際経済学科では何を学びますか？

多くの経済学部にあるポピュラーな学科

経済学部のなかに経営学科と同じくらい多く設置されているのが国際経済学科だ。現在はヒト・モノ・カネが24時間365日、世界中をめぐっているグローバル社会。だから、自分の国の経済のことを考えるだけでは不十分で、世界全体や日本と関係の深いエリアや国の経済の動向を知る必要がある。また近年、日本が直面するさまざまな経済的諸問題は、国際的な事情と複雑にからみあっている。このため、**国際的な視野に立ち、問題点を体系的に把握《はあく》し、問題解決の道筋を考えることのできる人材が求められている**。そのような国際経済社会で活躍《かつやく》できる人材を育成することが目的の学科だよ。

国際経済学科で学ぶ基本的な三つの科目を紹介《しょうかい》しよう。まず「現代経済分析《ぶんせき》」。国際経済を考える上で基本となる論理を、日本語のみならず英語でも学ぶ。二つ目は「開発経済」。発展途上国《とじょうこく》の貧困問題をマイクロファイナンスのようなミクロの視点と、海外援助《えんじょ》

のようなマクロの視点から考える。グローバル化で国際経済の仕組みが激変《げきへん》するなかで必要となる、新しい世界秩序《ちつじょ》の形成、経済協力、企業《きぎょう》戦略の形成などについて探究する。三つ目は「地域経済」。世界経済の多極化を背景に、各地域の経済・文化への理解を深めながら、各地域の特徴《とくちょう》を経済地理やアジア経済論などを通じて学ぶ。

また、国際経済を学ぶ上では語学力も必要不可欠だ。外国人の教員による英語の重点教育や、英語による講義などで、世界で通用する英語力を養える大学も多いよ。

卒業後にめざせる進路分野

このような知識やスキル、語学力を身につけることで、将来の選択肢《せんたくし》はぐっと広がる。たとえば、国際機関などで国際金融《きんゆう》や発展途上国《とじょうこく》の経済開発にたずさわったり、世界各国に支店をもつグローバル外資系企業《きぎょう》や外国企業《きぎょう》と取引の多い商社などに就職して、国際ビジネスの舞台《ぶたい》で活躍《かつやく》することも期待できるよ。また、国際情勢を扱《あつか》う新聞社やテレビ局に就職する人も多い。

国際経済社会で活躍《かつやく》できる人材を育成する

Q14

経済学部と結びつきやすい学問ジャンルはなんですか？

あらゆる学問ジャンルと結びついている

経済学は、人びとの行動や社会全体の仕組み・動向からデータを収集・分析《ぶんせき》してさまざまな問題を解決する学問なので、あらゆる学問ジャンルと結びついているといってもいい過ぎではない。なかでも、特に結びつきの強い学問をいくつか紹介《しょうかい》しよう。

まずは経営学。経営学は企業《きぎょう》などの一組織のなかのマネジメントや問題解決に焦点《しょうてん》を当て、それらを追究する学問だ。非常に具体的な学問であると同時に、社会に出て働く時にいちばん身近な学問だといえる。個人が集合して企業《きぎょう》があり、消費者や政府がからみあって社会経済を構成している。経済学ではその全体の流れを把握《はあく》するのに対し、経営学ではその社会の経済活動の主要プレイヤーである企業《きぎょう》が、「どのように経済活動や利益追求、社内マネジメントをしているのか」を具体的に研究する。

これは経済学のミクロ経済学と深い関連性があるんだけど、個別の事象を理解するため

には、おおまかな全体の仕組みも理解する必要がある。このほかにも経営学で学ぶ会計学、組織論、経営戦略論など、経済学の理論が深く関係する科目はたくさんある。だから経済学とかかわりが深く、多くの経済学部のなかに経営学科が設置されているんだよ。

また、経営学と近く、企業《きぎょう》と消費者を結びつけるビジネスそのものを学ぶ商学も関係が深い学問だ。ミクロ、マクロ経済学などは基本となる科目だし、簿記《ぼき》なども重要科目だ。

経済と政治と法律は不可分

政治学もかなり関係が深い学問だ。政治と経済はあらゆる人間社会の基礎《きそ》となっている。だから古来、巨大で複雑なこの世界を読み解いたり、人びとを幸せにするためには、政治と経済は切っても切《き》り離《はな》せないんだ。

そもそも経済の問題は、政治的要因で左右される。事実、国民総生産（GDP）の値が高く豊かだとされている国の多くは、国民が主権をもち、自由に利益を追求でき、財産を自分でもてる民主主義・自由主義をもとにした民主政治という政治体制を採用している。逆にGDPの値が低く貧しいとされているほとんどの国は共産主義・社会主義の独裁政治で、一個人や一党派が絶対的な権力をもち、民衆から富を吸い上げている。

また、環太平洋パートナーシップ協定（TPP）や金融緩和《きんゆうかんわ》などさまざまな経済の問題を考える時、経済の観点から見れば正解だと思う政策も、政治の観点から見たら正反対になる場合がある。それぞれの立つ位置によって正解が異なるからだ。

利益の追求、つまり経済活動は人間のエゴとエゴがぶつかりあう場だ。それを一人が富を独占《どくせん》しないように、少数派の意見を切り捨てないように制度化して、できるだけみんなが幸せになることをめざすのが政治だ。このように政治と経済は不可分といってもいい過ぎではないので、政治学と経済学をどちらも横断的に学べる政治経済学部や政治経済学科をもつ大学も少なくないんだよ。

みんなにできるだけ公平に富が行《い》き渡《わた》るように制度を整備するのが政治だけれど、そのために必要なのがルール、つまり法律だ。政治がルールをつくって、その下で人びとが経済活動を行う。だからみんながルールを無視すると、経済活動そのものが成り立たなくなるよね。そのルールをどう組み立てて運用するかは、法律学の分野になる。

特に経済と関係の深い法律は商法、所得税法、独占《どくせん》禁止法、労働法などがあるけど、経済活動は人が生きることそのものなので、民法や憲法も関係するよ。このように法学もとても関係が深い学問なので、経済学部のなかに法律系の科目も多いし、法律の専門家の教員を配して法律をより本格的に学べる大学もある。また、法学と経済学が合わさった法経学部や法経学科、経済法律コースを設置している大学もあるよ。

経済政策を考える基礎《きそ》となる統計学

統計学はいろいろなデータを集めて分析《ぶんせき》して、その性質や意味を見つける学問だ。そのため、さまざまな分野で使われているけど、経済学でもＧＤＰや景気動向、消費者物価指数、完全失業率などの経済活動に関する指標を算出する際に使われる。それを元に政府は経済政策を立案する。だから関係がとても深く、ほとんどの大学の経済学部では統計学を学ぶ。特に統計学を応用した経済学の科目としては、計量経済学がある。計量経済学とは、基本的にはミクロ経済やマクロ経済などのさまざまな数値の間にある因果関係や相関関係について、統計学的手法を使って明らかにする学問だ。

日用品の販売《はんばい》会社でマーケティングの仕事をしている経済学部の卒業生も、「ビジネスの基本は心理学と統計学の組み合わせだとよくいわれる。働き始めてから現状分析《ぶんせき》をする上で統計学は必須《ひっす》だと思うことが多いので、もっとちゃんと勉強しておけばよかった」と話していたよ。

特に経営学・政治学・法学・統計学などと関係が深い

教員インタビュー 1

世の中で起こっていることを正しく読み解く力が身につく

明治大学《めいじだいがく》
政治経済学部経済学科　教授
森下《もりした》　正《ただし》さん

1989年明治大学政治経済学部卒業。94年同大学大学院政治経済学研究科経済学専攻博士《せんこうはくし》後期課程単位取得・退学。2005年より専任教授、17年より経済学科長。専門は中小企業論《きぎょうろん》、地域産業論など。理論よりも実用に重きを置く実学の研究に尽力《じんりょく》している。

人びとをより幸せにするための学問

みなさんは「経済」と聞くと、お金儲《もう》けや株、為替《かわせ》の値動きなどの数字をイメージするでしょう。でも、そればかりではありません。

たとえば、犯罪が多発している地域では安心して商売ができず、その結果ますます貧しくなります。犯罪を減らすためには犯罪者を厳しく罰《ばっ》するだけではなく、人びとに雇用《こよう》の場を提供して、自分で稼《かせ》いで暮《く》らせる生活基盤《きばん》をつくることが必要。そのための方法を研究して、政策を編み出すのが経済学です。

だから、経済学は私たちの生活に直結しており、人びとの暮《く》らしを豊かにしてより幸せにするために、あらゆる事象を扱《あつか》う学問なのです。それがわかれば、経済学という学問分野に興味がわきませんか？

中小企業論《きぎょうろん》を選んだワケ

経済学は人がかかわるすべての事象を扱《あつか》うので、たくさんの研究分野があります。そのなかで私の専門は、中小企業論《きぎょうろん》です。

きっかけは大学3年生で出合った中小企《き》業論《ぎょうろん》のゼミ。企業《きぎょう》を訪ねて、実際に現場で起こっていることを観察したり、社長に話を聞いたりして、経済活動の現実を知ることがとてもおもしろかった。それ以来30年以上、中小企業論《きぎょうろん》を研究してきました。

私たちの日々の暮《く》らしの向上に直結する経済学のなかでも、中小企業論《きぎょうろん》は極小のミクロ経済学といわれており、日常生活ともっとも強く結びついています。究極の研究目的は、企業《きぎょう》が持続的に経営できる方法を見つけること。そのために経営者や従業員は何をすべきなのか、国や地方自治体はどのような産業政策を策定し実行すべきなのかが、私の一貫《いっかん》した研究テーマです。

みなさんのご両親など、社会で働く人の給料や待遇《たいぐう》がどうすればよくなるのか。困っている人や企業《きぎょう》のために経済的な施策《しさく》や戦略を考える研究は、働く人の雇用《こよう》不安の解消や、地域活性化につながります。研究していてとてもおもしろく、やりがいも大きいです。

経済学部での学び

明治大学政治経済学部では、1、2年生の間は社会科学系、人文科学系などの基礎《きそ》教養と、マクロ経済学、ミクロ経済学などの基本科目群を勉強します。すべての経済学の基礎《きそ》となるので、しっかり学んでもらいます。

3年生からは、興味のある研究テーマを専

門的に学ぶゼミが始まります。私の中小企《き》業論《ぎょうろん》のゼミでは、年に5、6回、地方の中小企《き》業《ぎょう》を訪問して調査する活動をしています。

3年生と4年生が2、3人のチームをつくってテーマを決め、それに沿って2カ月ほどかけて、訪問する企《き》業《ぎょう》の事前リサーチや質問項目《こうもく》を検討します。基本的な質問内容は、会社の沿革、事業内容、製品の品質や労働条件の向上のための改善活動、人材育成、取引先との関係など。毎年訪問している企《き》業《ぎょう》などは、1年経つと改善した部分が目に見えてわかるので興味深いです。

実際のヒアリングの後には、学生は社長や商工会議所、市役所の方々との懇親会《こんしんかい》にも参加します。距離《きょり》が縮まることでより深い話が聞けるので、とても重要な場です。

その後は、調査した内容をレポートにまとめます。4年生は調査内容を基に卒業論文を書き上げます。自分の足と目と耳を使って調べてきた具体的事例をもとに論文を書くことが、私のゼミの最大の売りです。

この経験は、社会に出た時にとても役立ちます。自分で考えて動く力が養われるので、就職した企《き》業《ぎょう》からはとても評価されています。

世の中を正しく読み解ける

一方で、経済学を学ぶことにより、社会の現実を正しく読み解く能力も身につきます。

たとえば、現実を知る手がかりのひとつに、政府から発表される数字がありますが、経済学的な理論やスキルがあれば、その数字がほんとうに意味することを正確に知ることができます。つまり、データに一喜一憂《いっきいちゆう》したり、マスコミ報道に踊《おど》らされることなく、世の中を正しく読み解くことができるわけです。

そうなれば自分自身の心の安定にも繋《つな》がるし、間違《まちが》った選択《せんたく》をして不利益を被《こうむ》ることもなくなります。企業《きぎょう》経営では世の中の変化を見抜《みぬ》いて、効果的な対応策を考え出せます。

このように、経済学を勉強すると実社会で役に立つのです。中小企業論《きぎょうろん》、環境《かんきょう》経済学、統計学、ミクロ経済学といろいろありますが、どんな科目でもいい。卒業までにひとつやりとげると、今まで見えなかったものが見えてきます。だからみなさんも、大学ではそのつもりで勉強に取り組んでください。

身近なところから関心をもってほしい

学部選びで迷っているみなさんに伝えたいことが二つあります。ひとつは子どもの頃に夢中《むちゅう》になったことを思い出してほしい。それがあなたの潜在的《せんざいてき》な強みです。私自身は小学生の頃に、全国各地の地場産業や特産品が載《の》っている地図帳が好きでした。どのような場所でどのような物がつくられているかを知るのが楽しくて、夢中《むちゅう》で見ていました。そうやって遊んだこと、身につけた知識が今でも役に立っているのです。

二つ目は、些細《ささい》なことでもいいので興味・関心のあることを探る。たとえば、コンビニエンスストアでよく買う物があったら、どこでどのようにつくられて、そのコンビニにどのような経路で届けられて売られているのか。それを調べてみたらきっとおもしろいはず。これはまさに経済の問題で、実は身近なところにおもしろいネタはたくさん転がっているのです。それをきっかけに、より深く経済を学んでいただけるとうれしいです。

教員インタビュー 2

世のため、人のため、自分のために役立つ、実用的な学問

横浜国立大学《よこはまこくりつだいがく》
経済学部　教授
永井圭二《ながいけいじ》さん

一橋《ひとつばし》大学商学部を卒業後、同大学大学院商学研究科、ラトガース大学大学院統計学博士《はくし》課程、長崎《ながさき》大学経済学部総合経済学科助教授などを経て、2009年、横浜国立大学経済学部教授に。2020年度まで経済学部長や経済学専攻長《せんこうちょう》も務める。専門は数理統計学。大学院でも教鞭《きょうべん》をとっている。

数理統計学とは

経済学部のなかにはさまざまな科目がありますが、私の専門分野は数理統計学です。そもそも統計学は、膨大《ぼうだい》なデータを収集、分析《ぶんせき》してデータの性質や規則性などを見つけ、現在起こっている現象を把握《はあく》し、これから起こることを予測する学問。数理統計学はその統計学の数理的な基礎《きそ》を与《あた》える分野です。

実際に統計を使う側としては、結果として出てきた統計値がどれくらい信頼《しんらい》できるかを知りたいですよね。その時、たとえば「〇パーセントの確率まではこの値を信じていい」という信頼性《しんらいせい》の基準を数理統計学は与《あた》えます。

今はまさにビッグデータの時代。みなさんはビッグデータといえば文字通り「膨大《ぼうだい》なデータ」をイメージすると思いますが、真のポ

イントはそこではありません。

ビッグデータはこれまでも存在しましたが、あくまでも過去のデータでした。それを今さら分析《ぶんせき》しても、その時に起きてしまった失敗や利益の損失を取り返すことはできません。

一方、現在はビッグデータがリアルタイムに入ってきて、そのおかげですぐに判断を下すことができ、損失を回避《かいひ》できたり利益を獲《かく》得《とく》できます。また、これから生み出されるビッグデータに影響《えいきょう》を及《およ》ぼすこともできます。これこそが最大のポイントで、過去のビッグデータとの最大の違《ちが》いなのです。

たとえば、2020年に流行した新型コロナウイルスの対応策について、政府の意思決定の仕方は非常事態宣言の継続《けいぞく》に関して、ある程度の期間を事前に決めて、それを待って判断するというものでした。一方で大阪《おおさか》府は、データを見て感染者数が安定して低い状態となり、空きベッド数も十分であるといった状態になったら、その時点で意思決定をするというやり方でした。

私が長年専門に研究してきたのは大阪府のやり方に近いもので、データを見て意思決定する時間を決めるという分野。つまり、リアルタイムにいろいろなデータを集めて、コロナについていえば感染が拡大しつつあるのか、収束《しゅうそく》に向かっているのかという現状を正確に把握《はあく》する。そして「もっと経済活動を拡大してもいい」とか、「もっと厳しく自粛《じしゅく》しなければならない」といった意思決定する時点を決める基礎《きそ》理論を構築すること。先日、その基礎《きそ》理論について学会で発表しました。

でも大変なのはここからです。基礎《きそ》理論を応用まで進歩させるためには、ものすごい時間と労力が必要だと考えます。

コンピュータを駆使《くし》して学ぶ

大学で私は、この数理統計学を全学年に教えています。1年生には統計学の基礎《きそ》を教える授業を受け持っているほか、教養教育科目の「経済学の諸課題」では、経済学の入門をレクチャーしています。また、基礎《きそ》演習では少人数の学生に対して、大学での学び方や経済学とは何かということも教えています。

2年生からは専門科目が始まります。数理統計と中級数理統計では、表計算ソフト(Excel《エクセル》)に加えて、新しく「Alpha《アルファ》」という微分積分《びぶんせきぶん》などの数式処理ができるアプリと、「R言語」というシミュレーションソフトを使って授業を行っています。

また3年生からはゼミが始まり、私の数理統計のゼミでは各学年7、8人の学生が、コンピュータを使ったシミュレーション、数値計算、数学を使った微積分《びせきぶん》、線形代数などを使う技術を学びます。基本的にはレクチャーがメインで、ほぼ毎回宿題を出して理解を深めています。

たとえば、新型コロナウイルスが死滅する確率を計算せよというもの。ウイルスや人びとの行動は時間とともに変化しますが、今の状態が続くと仮定した場合のウイルスの死滅確率といったものは計算できます。4年生は主に卒業論文のために、実際に自分で取ってきたデータを使って分析《ぶんせき》します。

経済学は実生活に役立つ学問

私自身、コロナショックで経済活動を止めたがゆえ、倒産《とうさん》する会社や生活苦に陥《おちい》る人が激増《げきぞう》して、社会全体が危機的状《じょう》況《きょう》に陥《おちい》るのを目の当たりにしました。あらためて経済の重要性を感じたのです。学生が卒業後、すぐにふれるのがこの現実の経済現象。切実な問題としてみずからの人生に入《はい》り込《こ》んできます。

自分の財産を守ったり、家族を養うために必要なのはお金なので、みんながいちばん気にするのは生活に直結している経済の動きです。経済学を学ぶと経済の仕組みがわかり、経済の動きがわかるようになります。それによって、経済的損失を被《こうむ》るリスクが減るし、財産を増やせる可能性が高くなります。

経済学を学んで企業《きぎょう》に入社したならば、「世の中はこういう方向に動いているからこうしよう」とか、「これはやめよう」などと、社内で提言ができます。その結果、会社の利益や自分自身の評価が上がって、収入が増えることも十分可能です。

人の心の痛みがわからなければならない

経済学は政治、宗教、法律、社会学、科学技術、工学、国際関係など、文系・理系問わずあらゆる学問と密接につながっています。そのなかで、経済学はごく一部分の人に富が集中しないように、経済的格差が大きくならないように、公正な経済活動の規範《きはん》を示すために存在しています。つまり、経済学は個人を幸せにし、ひいては社会全体の幸せを実現できる学問という側面もあるのです。

言い方を換《か》えると、経済学は他者の心の痛みがわからなければ真に習得することができない学問。だから経済学部に興味をもっている人には、受験勉強も大事ですが、歴史や文学にもふれてほしいですね。

3章

経済学部のキャンパスライフを教えてください

Q15 経済学部ならではの授業はありますか？

少人数・双方向《そうほうこう》で専門的に学ぶ「ゼミナール」

大学の授業といえば、大教室にたくさんの学生が集まって教員の講義を聴《き》いているシーンをイメージする人も多いだろう。確かにそういう授業も多いんだけど、そうじゃない授業もある。それがゼミ（ゼミナール、演習）だ。

ゼミとは、数名から20名くらいの少人数の演習形式で進められる大学ならではの授業。各学生が関心と問題意識をもって専門分野を選択《せんたく》し学ぶことで、その知識を積極的に吸収し、より一層理解を深める。そして卒業論文のテーマを見つけ、掘《ほ》り下《さ》げて追究するよ。

ゼミでは講義から得た知識を活かし、討論を通じて批判的な探究心、問題発見の力を養えたり、論文・レポートを作成するスキルもみがけるよ。一方向になりがちな一般的《いっぱんてき》な講義科目と違《ちが》って、教員と学生、または学生同士が双方向的《そうほうこうてき》に議論・研究するなど、学生の自主性や相互啓発《そうごけいはつ》によって、大きな教育効果が期待されるんだ。

このゼミが本格的に始まるのは3年生からという大学が多いけど、1、2年生から受講できる大学も増えている。名称は基礎《きそ》ゼミナールや基礎《きそ》演習、教養演習で、文献《ぶんけん》・資料の読み方、調査の方法、レジュメやレポートのまとめ方、プレゼンテーションや討論の方法、研究資料の収集・整理方法などを学ぶ。3年生から本格的に始まるゼミでの学び方の作法を身につける、という感じだ。テーマは文化・社会・言語など、経済学の科目というよりは、とっつきやすくて興味をもちやすい一般《いっぱん》教養的な科目が多いので、難易度もそれほど高くない。ゼミを体験することによって、大学生になったという実感をもてるだろう。

3年生から始まる本格的なゼミは「専門演習」といって、1、2年生の時に履修《りしゅう》した基礎的《きそてき》科目から、より深く勉強したいと思った経済学の専門分野のゼミを選ぶ。または、将来の仕事をイメージして、ゼミを選ぶ学生も多いよ。たとえば、公務員志望の人は、経済政策や社会福祉系《ふくしけい》のゼミを選んだり、途上国《とじょうこく》の経済発展に貢献《こうけん》したいという人は、開発経済学のゼミに入る、というように。

専門演習になると、学ぶ内容も専門的かつ高度なものになる。そして、学び方もゼミの担当教員によって大きく違《ちが》う。たとえば、ひたすら教室のなかで1冊の本や論文をゼミ生で分担して読み、各パートの担当者が要約や論点を発表し議論する「輪読」をするゼミ。一方で、教員によるレクチャーと質疑応答がメインというゼミもある。また、大学の外に出て調査するフィールドワークをメインに行うゼミもある。

だからゼミを選ぶ時は、興味のある科目だけではなくて、学び方や雰囲気《ふんいき》、担当教員の指導方針なども考慮《こうりょ》に入れたほうがいい。多くの大学では、2年生の秋に希望するゼミに入室するための試験があるので、それまでにサークルの先輩《せんぱい》に聞いたり、たくさんのゼミが紹介《しょうかい》されている冊子を読んだりして十分に検討しよう。

生きた学びが体験できるフィールドワーク

フィールドワークについて、もう少しくわしく紹介《しょうかい》しよう。たとえば、ある大学の中小企業論《きぎょうろん》のゼミでは、日本各地の地場産業が盛《さか》んな街の中小企業《きぎょう》や商工会議所を訪問し、社長などに会社の沿革や社長の経歴、事業内容、仕事の意義、苦労話などを聞くという活動をしている。さらにそれだけではなく、実際に訪問するまでに2カ月間ほど会社や社長のことを調べたり、聞く内容を考えたり、話を聞き終わった後は、レポートをA4用紙5枚分も書いたりする。そういうことにまだ慣れていない3年生はうまく書けないので、先《せん》輩《ぱい》や担当教員に何度も書き直しを命じられる。これを年に5回以上行うので、3年生はほぼこのゼミの活動が大学生活の中心になる。

同じように農業経済学のゼミでは、畑や田んぼに行って農作業を実体験したり、農作物の販売所《はんばいしょ》を訪れて話を聞くこともある。これを通じて農家がどのような気持ちで農作物をつくったり売ったりしているのか、また、その工夫などを知ることができる。

社会福祉《ふくし》経済学のゼミでは、学生が、NPOが運営している保育園に行って職員に話を聞くことで、その保育園が親の育児相談に乗ったり、家庭にうかがって教育したり、障害をもつ子どもを預けてもだいじょうぶなような取り組みをしていることがわかる。ほかには、市役所の政策局に行って、取り組みを聞いたりもする。国内だけではなく、開発経済学や国際経済系のなかには、夏休みを利用してアジアやアフリカ、中南米などの途上国《とじょうこく》に行くゼミや、環境《かんきょう》経済系のなかには、発電所に行って調査するゼミもあるよ。

また、特定の業界の展示会やセミナーに行くゼミもある。自分の興味がある業界の展示会に行くと、企業《きぎょう》や業界の支援《しえん》機関の人たちに直接会って話が聞けて、より理解が深まる。

このようなフィールドワークでは、実際に社会で働く人たちに会って生の声を聞くことによって、より経済活動をリアルに感じられる。大学のなかだけでは決してできない、血の通った学びが体験できるんだ。

経済活動をリアルに感じられるゼミもある

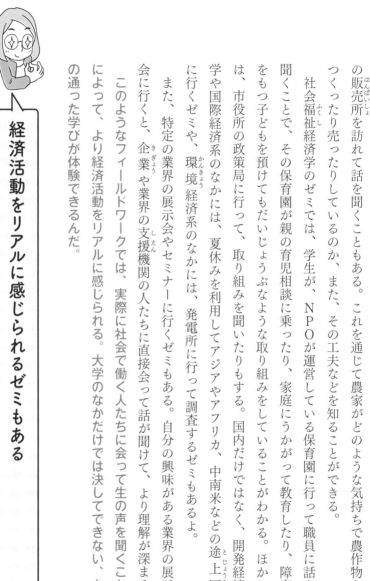

Q16 経済学部ならではの授業外活動はありますか？

どんなアルバイトでもいいチャンス

大学に入学したら、ほとんどの学生がアルバイトを経験する。経済学部では「損得勘《かん》定《じょう》」について学ぶので、どんなアルバイトにでも活かせるよ。

ある先輩《せんぱい》は、「アルバイトは実際に働くことで、経済活動の実態を身をもって学べるいいチャンス。だからコンビニエンスストアやファミリーレストラン、居酒屋など、どんなアルバイトでも、一生懸命《いっしょうけんめい》取り組んだほうがいい。その時、ただアルバイト代を稼《かせ》ぐことだけを目的にするのではなく、そのビジネスがどういう仕組みで動いているか、社員の店長や店員がどのような目的でどのような作業をしているのか、どのようなお客さんがどのような物を買いに来るのかを観察したり、直接聞くのもいい勉強になる」と話してくれた。

将来、公認会計士や税理士をめざして、会計事務所や税理士事務所でアルバイトをする学生も多い。確定申告の時期に、顧客《こきゃく》から送られてくる資料の数字をシステムに入力す

る仕事だから、専門的知識はそんなに必要ないけれど、習った簿記《ぼき》の知識が少しは役に立つ。また、会計士や税理士に専門的な実務の内容や、国家試験の勉強の仕方も教えてもらえることもある。さらに、雑務や事務作業を手伝《てつだ》ったり、事務所で会計士や税理士が実際に働く姿を見て、将来、自分が働く姿がイメージできることも大きなメリットだ。

より専門的な実務を経験できるインターンもお勧《すす》めだよ。インターン先としてシンクタンクや金融《きんゆう》機関を選ぶと、経済の知識が活かせる。特に経済系の研究所でのインターンでは、担当する作業はデータ入力程度だけど、経済の分析《ぶんせき》を生で見られる。

ある卒業生は「大学生は、給料をもらいながら仕事の疑似体験ができるインターンをやるべき。それを経験していると、社会に出てから大学で勉強したことをすぐに役立てられる」と話してくれたよ。

学びが深められる部活動やサークル

経済学をより深く学べるサークルもたくさんある。たとえば、ある大学の経済サークルでは、経済を楽しく学ぶことを目的に、日本経済新聞の読み合わせをしたり、東京証券取引所や日本銀行へ見学に行ったりしている。

また、現実の経済情勢を深く理解することを目的として、さまざまな活動をしているサークルもある。たとえば、勉強会を開いて、官庁幹部などを講師として招き、生産・販売《はんばい》、物価、雇用《こよう》などの経済指標の見方や利用上の注意点などの講義を受け、さらに実際のデータを見て、最新の経済動向を学んでいる。また、経済活動の最前線で活躍《かつやく》している官庁や銀行、メーカー、総合商社などの大企業《だいきぎょう》の幹部、マスメディアに登場する著名エコノミストなどに依頼《いらい》して、経済情勢や企業《きぎょう》経営などについて解説してもらう講演会を開いている。それから学生が、経済、企業《きぎょう》経営、国際情勢などの新聞記事を読んで講師に自由に質問し、記事の内容や背景について解説してもらう新聞記事質問会も開催《かいさい》している。さらに、こうした社会人講師との対話を通じて、日本経済がかかえている財政再建、成長産業の育成、グローバル企業《きぎょう》経営のあり方、金融《きんゆう》機関の役割などの課題について考えている。

そのほかにも、公認会計士試験に合格することを目的とした会計系や、株や金融《きんゆう》についての理解を深めることを目的とした証券・投資系、世の中のお金の動きや市場調査により日本の経済を発展させる方法を調べるマーケティング系などの研究サークルもあるよ。

また、経済学のサークルというわけではないけれど、模擬《もぎ》国連のサークルも経済学をより深く理解するのに役立つ。模擬《もぎ》国連とは、国際連合などで行われている実際の国際会議を模擬《もぎ》的に行う活動。参加する学生は、一国の大使としてその会議の議題に対して政策を立案し、担当する国の利益を得るために他国の代表役の学生と交渉《こうしょう》を進めていく。現実

アルバイト、サークル活動などいろいろな活動がある

の国際会議でも経済に関するテーマが多いから、さまざまな国の経済的事情や思惑《おもわく》、資源の配分など、国際経済に関するリアルな学びが体験できるよ。実際に模擬《もぎ》国連に参加し必要性を感じて、計量経済学や開発経済学などの専門科目を選んだ先輩《せんぱい》もいるよ。また、模擬《もぎ》国連では交《こう》渉《しょう》を通じて、交渉力《こうしょうりょく》や説得力、折衝力《せっしょうりょく》などのコミュニケーションスキルをみがけるし、人前で発言をすることによってパブリックスピーキングの能力も身につく。これらは社会に出た時にとても役に立つよ。

　このようにいろいろなサークルがあるから、自分が学びたいテーマのサークルを選ぼう。

Q17 この学部ではどんな人や世界にふれることができますか？

実際に経済活動に参加しているさまざまな人と出会える

多くの大学は、地元の経済団体や官公庁と深いつながりをもっている。たとえば、ある大学の経済学部を卒業して社会で活躍《かつやく》している人たちの会がある。また、大学がある所在地の経営者の会のメンバーが大学に来て、経済や経営について講義してくれる大学もある。民間企業《きぎょう》や官公庁と連携《れんけい》して、実務家による特別講義や講演会を開催《かいさい》したり、インターンシップを実施《じっし》している大学もあるよ。ふだんの授業や生活では縁《えん》のない人に出会えることは、将来に生きる貴重な経験だ。

また、起業家養成講座を設置している大学では、実際にビジネスで成功している起業家たちから、成功に至るまでの経緯《けいい》や経験談、アドバイスが聞ける。将来起業を考えている学生にとっては、とても有意義だよね。

ゼミによって会える人が違《ちが》う

Q15では、経済学部にはさまざまな専門領域のゼミがあると紹介《しょうかい》したけれど、ゼミによっては、日々経済活動に参加しているさまざまな人たちに出会えるよ。たとえば、企《き》業《ぎょう》経済学や産業組織論などのゼミでは、経営者や幹部を招いて企《き》業《ぎょう》経営についての話が聞けたり、質疑応答をしたりする。

中小企《き》業《ぎょう》論《ろん》のゼミでは、フィールドワークの一環《いっかん》として、全国各地の中小企《き》業《ぎょう》に行って経営者に話を聞けたり、商工会議所のメンバーと会えたりする。工場見学に行ってどうやって製品がつくられているかを実際に自分の目で見られたりもするし、各業界の展示会やセミナーに行くと、実際にその製品をつくった人たちと会えて話が聞ける。

農業経済学のゼミでは、フィールドワークとして田んぼや畑、農産物販売所《はんばいじょ》、レストラン、工場などを訪れて、農家や料理人、クラフトビール職人などとふれあえる。農業は農作物をつくって終わりではなく、それからどのような経路で流通させて販売《はんばい》するかが重要で、都市部からの距離《きょり》に大きな影響《えいきょう》を受ける。このように、専門書を読むだけではわからないようなことがらを、実際に農作物をつくる人やそれを売る人、買う人などさまざまな人から教えてもらえる。また、ゼミの学生たちは地元の農業関連のイベントにスタッフとして参加することで、一般《いっぱん》の消費者の人たちともふれあえたり、貴重な調査対象として協力してもらえることもあるよ。

会計学や原価計算論のゼミでは、現役の公認会計士や税理士を招いて、監査《かんさ》法人や事務所での仕事についてのリアルな話が聞けるよ。環境《かんきょう》経済学のゼミのなかには、いろいろな環境《かんきょう》団体の人から環境《かんきょう》と経済活動のかかわりについての話や、旅行会社でツアーを企《き》画《かく》する人から、「エコツーリズム」などの話が聞けるゼミもあるよ。エコツーリズムとは、単なる観光旅行ではなく、地域ぐるみで自然環境《かんきょう》や歴史文化など、地域固有の魅力《みりょく》を観光客に伝えることを目的とした考え方だ。この取り組みによって、観光客は自然の美しさ、奥深《おくぶか》さに気付き、自然を愛する心が芽生え、地球環境《かんきょう》の保護活動に繋《つな》がる。

国際経済系や開発経済系のゼミでは、国連などの国際機関に勤めている職員や国際協力機構の職員が来て、講義をしてくれる。また、東南アジアやアフリカに調査に行って、現地の人たちから、かかえている問題について直接話を聞くことができる。さらに国際金融《きんゆう》などの貿易関係の授業の一環《いっかん》で、地元の税関の職員を招いて貿易実務の授業を行うゼミもある。

公共経済学、地方財政論、社会福祉《ふくし》経済学などのゼミでは、市役所や区役所などの行政機関の職員や福祉《ふくし》団体の職員と直接会って、政策や財政、福祉《ふくし》活動についての話を聞ける。

企業《きぎょう》経営者、農家、行政の職員、ジャーナリストなどとふれあえる

また、複数のほかの大学のゼミと合同で研究論文の発表会を行うゼミもあり、そのゼミ生は「ふだんは会えない他大学の学生や先生と交流できたことで、たくさんのことを学べて、ためになった」と話していたよ。

テレビ局や新聞社などのメディア、マスコミ業界も、経済学で学んだ知識や論理的思考力が必要とされる。だから、ジャーナリストなどマスコミ業界を志望する学生をサポートする支援《しえん》機関をもつ大学もあるよ。ジャーナリストとして活躍《かつやく》するための基礎《きそ》教養や豊かな表現力を身につけられるように、個別指導を含《ふく》めてきめ細かなカリキュラムが用意されている。講師陣《こうしじん》は新聞社の記者、テレビ局の報道ディレクター、フリーのジャーナリストをはじめ、出版社の編集者、広告会社のクリエーターなど、マスコミ業界の第一線で活躍《かつやく》する人たちとふれあえるよ。

Q18 経済学部の学生の一日を教えてください

時間割りは自由に組める

大学に入学すると、基本的に履修《りしゅう》する科目を自由に選んで自分だけのスケジュールをつくることができるよ。大学の科目には大きく分けて「必修科目」「選択《せんたく》必修科目」「選択《せんたく》科目」の3種類がある。大学ごとに卒業に必要な単位数が決まっている。必修科目は全員が必ずその授業に出席して、試験を受け、合格して単位を取らなければならない科目。たとえばある大学は、1年生は外国語やミクロ経済学A、マクロ経済学A、2年生はマクロ経済学B、3、4年生はゼミという感じだ。選択《せんたく》必修科目は、卒業するために決められた科目群のなかから数科目を選択《せんたく》して履修《りしゅう》し、所定の単位数を取らなければならない。たとえば1年生は統計学、2年生から4年生は国際貿易論、金融論《きんゆうろん》、財政学Cなどのなかから必要な単位数分だけ選ぶ。選択《せんたく》科目は、自分の興味や関心で選べる。

それとは別に、「基本科目」と「応用・専門科目」という分け方もあるよ。基本科目は

経済学の基本となる経済原論、統計学、日本経済史など。応用・専門科目は計量経済学、農業経済学、環境《かんきょう》経済学など、経済学の基本原理を応用した専門領域について学ぶ。

卒業するためには、定められた単位数を取得しなければならない。1年生から4年生まで学年ごとに履修《りしゅう》できる単位数が決められていて、取得できなければ卒業できず留年せざるを得ない。そうなるとせっかく就職活動をがんばって第一志望の企業《きぎょう》から内定をもらっていたのに就職できないという悲惨《ひさん》な事態となってしまうので十分に気をつけよう。

とはいえ入学したてでは、何の科目を選べばいいのか迷うよね。でも心配ご無

1年生の授業びっしりな一日

1年生の時は必修科目が多くて大変だけど目いっぱい単位を取っておくとあとが楽になる。

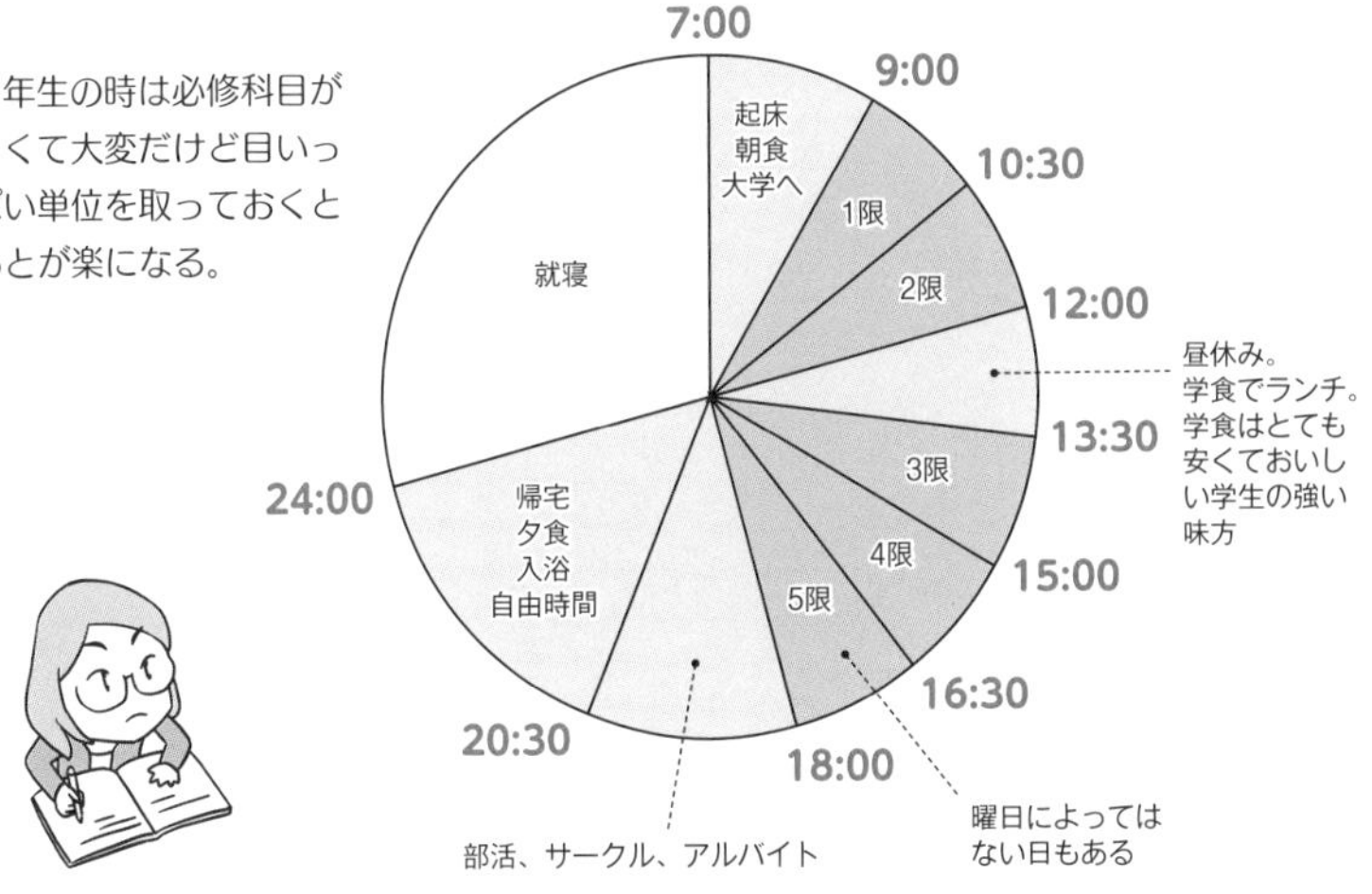

用。ほとんどの大学では履修《りしゅう》科目をくわしく説明してくれるガイダンスを開催《かいさい》したり、授業内容、担当教員、開講日時、成績評価法などが掲載《けいさい》されている「シラバス」を用意してくれているから参考にしよう。部活やサークルの先輩《せんぱい》にアドバイスをもらうのもお勧《すす》めだ。

大学生活を送る上で履修《りしゅう》の組み方はとても重要だ。サークルや部活にも打《う》ち込《こ》みたい学生は、授業を午前中や午後に固めて半日は空けたり、ほかの曜日に授業を集中させて一日空けているという人も多いよ。最近ではインターネット上で履修《りしゅう》を組んで提出する大学も増えている。

一般的《いっぱんてき》には、1年生のうちは必修科目や一般《いっぱん》教養などの授業も受けなければな

3年生の充実した一日

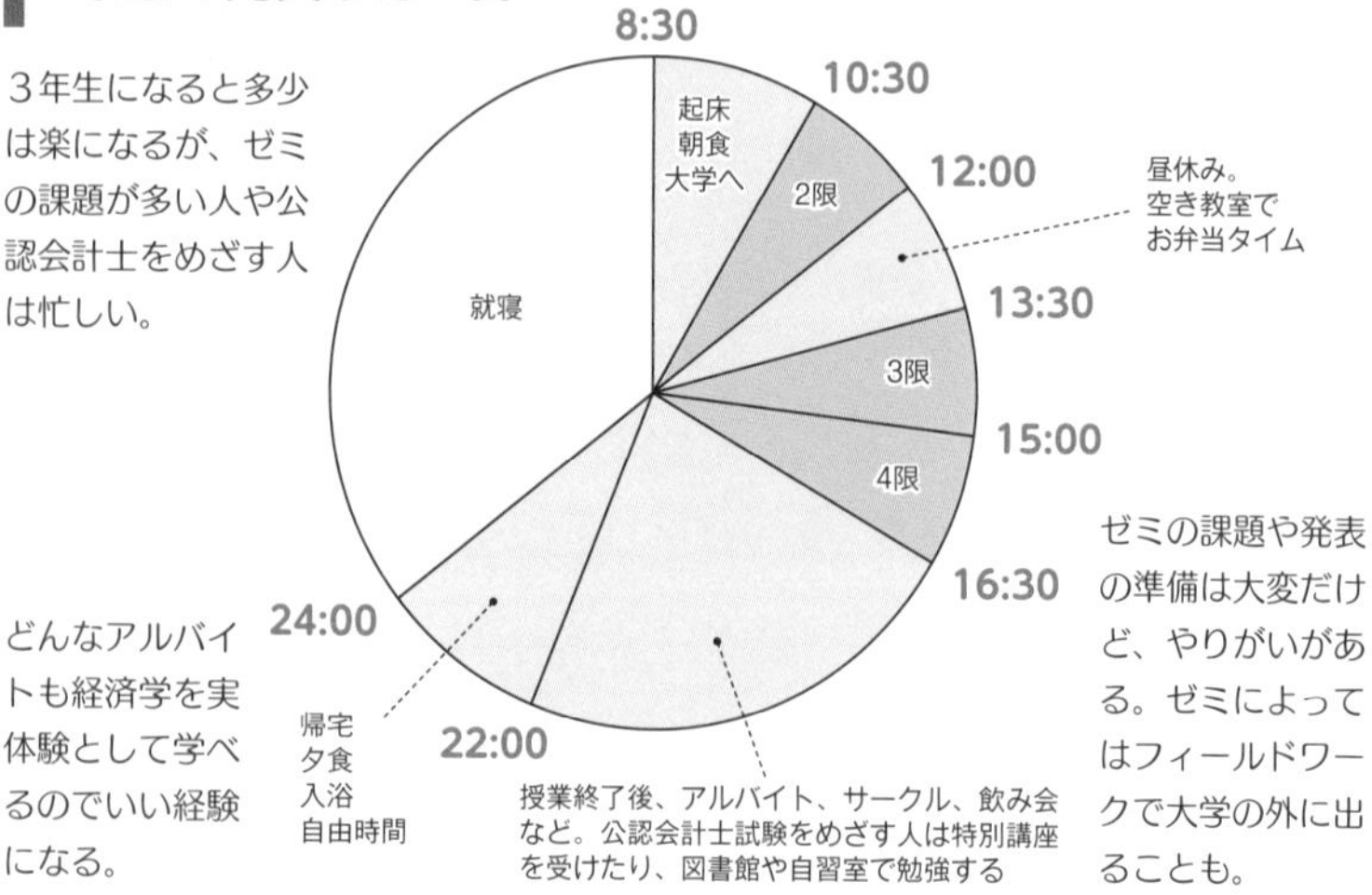
３年生になると多少は楽になるが、ゼミの課題が多い人や公認会計士をめざす人は忙しい。
8:30
起床
朝食
大学へ
10:30
2限
12:00
昼休み。空き教室でお弁当タイム
13:30
3限
15:00
4限
16:30
ゼミの課題や発表の準備は大変だけど、やりがいがある。ゼミによってはフィールドワークで大学の外に出ることも。
授業終了後、アルバイト、サークル、飲み会など。公認会計士試験をめざす人は特別講座を受けたり、図書館や自習室で勉強する
22:00
帰宅
夕食
入浴
自由時間
24:00
就寝
どんなアルバイトも経済学を実体験として学べるのでいい経験になる。

らないので、あまり自由に組めないし、忙《いそが》しい。でも2年、3年生と学年が上がるにつれて、選択《せんたく》科目が増えて、時間割りも調整しやすくなる。とはいえ、ゼミにもよる。忙《いそが》しいゼミに入った学生は3年生になっても週4、5日は大学に通っている人もいるよ。

公認会計士をめざす人は忙《いそが》しい

経済学部では公認会計士試験や税理士試験などを受ける学生も多い。そんな人のために会計士講座や簿記《ぼき》講座を設けている大学もある。大学の教員や現役の公認会計士などが、試験科目についてくわしく教えてくれたり、合格のテクニックや勉強法などを指導してくれる。さらに、学校外の民間企業《きぎょう》が運営する専門学校に通う学生も少なくない。このようなダブルスクールをすると、1年生から4年生まで余裕《よゆう》がなくなり、ほとんどの時間を勉強に費やすことになる。そのかわりに合格できる確率は上がるだろう。実際にダブルスクールで在学中に合格した先輩《せんぱい》は、大学4年間は勉強しかしていないけれど、夢《ゆめ》を叶《かな》えることができて幸せだと笑顔《えがお》で語っていたよ。

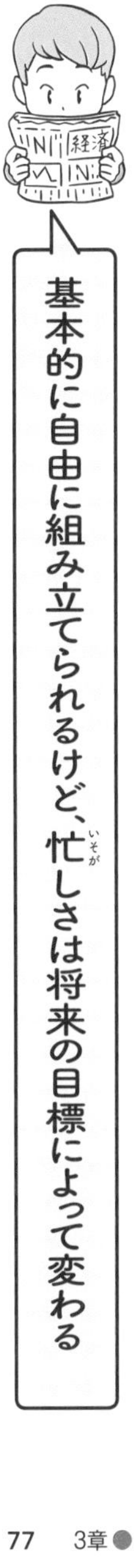
経済
基本的に自由に組み立てられるけど、忙《いそが》しさは将来の目標によって変わる

Q19 入学から卒業までを教えてください

1年生は学問の基礎《きそ》教養を学ぶ

1年生は、経済学を学ぶ上で必要な基礎《きそ》を身につける入門期だ。まずは英語やドイツ語などの外国語科目に加え、社会科学系、人文科学系、自然科学系などの科目で基礎《きそ》教養を学ぶ。実は経済学を学ぶ上では、この基礎《きそ》教養がとても重要なんだ。なぜなら経済現象は文化や地理的な影響《えいきょう》をものすごく受けるからだ。これらを学ぶことで、各国の生活スタイルは、つくられる物や提供するサービスで変わり、お金のやりとり、つまり経済のありようも微妙《びみょう》に違《ちが》ってくることが理解できるようになる。

それと並行して、必ず勉強すべき、ミクロ経済学やマクロ経済学、日本経済史、経済思想、統計学などの経済学の基本科目を学ぶよ。また、社会で働く上で欠かすことのできない、パソコンによる文書作成やデータ処理のスキルを学べる大学も多い。また、1年生から、ゼミでの学び方の基礎《きそ》を身につける基礎《きそ》演習を設置している大学も増えているよ。

2年生からは専門科目

2年生以降は、基本科目に加えてさまざまな初級レベルの専門応用科目を自分の興味・関心に合わせて選び、経済学を各国各地域の歴史・制度・政治的背景を含《ふく》めバランスよく学ぶよ。これによって、世の中の動きを知るための実用的な経済学の理解を深める。また、企業《きぎょう》、公務員、公認会計士など将来就きたい職業に応じて、特化した科目群を配置したコースを選べる大学も多い。

2年生の秋頃に、3年生に入る専門ゼミの選抜《せんばつ》試験がある。人気のある先生のゼミには希望者が集中するから2年生の時にしっかり勉強しておこう。

この大学生活に慣れた2年生の春休みや夏休みに、海外留学に参加する学生も多い。大学ごとに特色のある留学プログラムが用意されているので調べてみよう。

専門的な研究や就職活動も始まる3年生

3年生になると、一般《いっぱん》教養や基礎的《きそてき》な科目が減り、専門分野の勉強がメインとなるよ。ほとんどの学生は興味・関心がある、もしくは将来の仕事をイメージして研究分野のゼミに入り、指導教員のもとで、特定の研究テーマに基づく双方向型《そうほうこうがた》教育を受け、専門性を高めていく。たとえば公務員をめざしている学生は、金融論《きんゆうろん》、金融《きんゆう》政策、財政政策など金融《きんゆう》・財政系の科目により特化して勉強するし、途上国支援《とじょうこくしえん》をしたい人は、開発経済学など発展途上国《とじょうこく》や東南アジア諸国連合（ＡＳＥＡＮ）地域のフィールドワークを重ねながら、具体的な経済政策を提案できるような勉強をする。

さらに3年の終わりには就職活動も始まる。だから、3年生がいちばん忙《いそが》しかったとふり返る先輩《せんぱい》も多いよ。

4年生は就活と卒業論文で忙《いそが》しい

4年生になると履修《りしゅう》すべきコマも少なくなり、ゼミと就職活動が中心の学生生活となるので、大学に行くことは少な

入学から卒業まで

	1年生	2年生	3年生	4年生
春	入学式 オリエンテーション 基礎ゼミ ゼミでの勉強の仕方を学ぶ	専門的な学習 一般教養 基礎ゼミ ゼミでの勉強の仕方を学ぶ	ゼミでの専門的な研究 実習 フィールドワーク 研修旅行	卒業論文執筆 ゼミの後輩指導 就職活動
夏	専門分野の基礎的な学習 一般教養	夏休みに留学やインターンも	ゼミ合宿	
秋		学園祭も		
冬			インターンシップ 就職活動	卒業論文提出 （卒論がない大学もある）

くなる。実際、春学期は就職活動でほぼ学校に行っていないという先輩《せんぱい》も多いよ。内定をもらえた学生はゼミに戻《もど》ってきて、指導教員の下で特定の研究テーマを深く学び、秋学期にかけて研究の成果として卒業論文を完成させる。だから4年生も結構忙《いそが》しいんだ。

卒業後のキャリアをイメージして履修《りしゅう》しよう

1年生の時から、漠然《ばくぜん》とでも将来どういう仕事がしたいかをイメージできていれば、効果的に履修《りしゅう》できる。 たとえば、将来、銀行、証券、保険会社などの金融系《きんゆうけい》の会社に入りたければ、主分野として金融《きんゆう》貿易分析《ぶんせき》、副分野として経済数量分析系《ぶんせきけい》の科目を履修《りしゅう》するといい。参考までに、経済学の専門知識と統計・数理分析《ぶんせき》技能を身につけて、グローバルな金融《きんゆう》ビジネスがかかえる諸課題の解決に貢献《こうけん》できる経済金融《きんゆう》エキスパート人材をめざす場合の履修《りしゅう》モデルを紹介《しょうかい》。1年生に微分積分《びぶんせきぶん》、マクロ経済学、ミクロ経済学、2年生に数理統計、計量経済学、金融論《きんゆうろん》、3年生にゲーム理論、中級金融論《きんゆうろん》、中級経済統計、4年生に中級産業論、数理経済学という感じだ。大学のホームページなどでチェックしてみよう。

1、2年で基礎《きそ》を身につけ、3、4年で専門を深める

とてもおもしろかった経済学 ゼミでの学びが就職に直結

学生インタビュー 1

明治大学《めいじだいがく》
政治経済学部経済学科　4年生
河井《かわい》　渉《しょう》さん

東京《とうきょう》都出身。高校時代は陸上部で中長距離《ちゅうちょうきょり》選手として活躍《かつやく》し、3年生では部長としてチームを引っ張る。大学入学後、ボランティアサークルに入り精力的に活動。アルバイトはコンサートや展示会などのイベントスタッフを経験。

経済学のおもしろさにふれる

実は、高校まで日本の経済について何も知らなかったんです。このまま大人になったらマズいと思い、大学では経済を学びたいと志望しました。明治大学の政治経済学部を選んだのは、優秀《ゆうしゅう》な教員や学生たちといっしょに学生生活を送りたいと思ったからです。

経済学を学びたいという強い動機があったので、入学後は一生懸命《いっしょうけんめい》に勉強しました。1年生の時は、マクロ経済学やミクロ経済学など経済学の基礎《きそ》となる科目にふれました。また、歴史と科学のかかわりを学ぶ授業や、国語表現を高める授業など、教養を深めるための科目を中心に学びました。

さらに明治大学政治経済学部では、1、2年生から「教養演習」という、ひとつのテーマを深く掘《ほ》り下《さ》げて学ぶ少人数の授業を受けられます。僕《ぼく》は2年間で三つの教養演習を受講しました。1年生では1週間に2回、必ず成果物を提出しなければならなかったので大変でした。月から金までびっしりの授業で忙《いそが》しかったです。でも、学べば学ぶほど経済のことが理解できて、楽しくもありました。

特におもしろいと感じた科目は、経済の成り立ちを学ぶ経済史です。もともと歴史が好きだったので、思想家たちの経済の考え方が共産主義から移り変わり、現在の資本主義社会になっていく過程が興味深かったです。また、数式で経済事象を読み解く数量経済学もおもしろかったです。

タイ留学で刺激《しげき》を受ける

2年生の時は、夏休みに1カ月間、タイに留学。タイの経済や政治を勉強することによって、相対的に日本の状況《じょうきょう》がわかるようになったことが大きな収穫《しゅうかく》でした。驚《おどろ》いたのはタイの学生の優秀《ゆうしゅう》さです。いっしょに勉強してみて、英語力はすごく高いし論理的思考力もしっかりしているので、彼らに負けないようにもっと勉強しないといけないなとおおいに刺激《しげき》を受けました。

1、2年生で卒業に必要な単位はほぼ取得できたので、3年生からはゼミの活動がメインになりました。より実社会に根づいた経済学の領域を勉強したいと思ったことと、2年生で学んだ地域産業論の教養演習がおもしろかったので、中小企業論《きぎょうろん》のゼミに入りました。

主な活動は地域経済の動向を探るために、いろいろな中小企業《きぎょう》の社長に沿革や業務内容、課題などをヒアリングして、得た話をレポートにまとめるというもの。レポートは1社につき5000字は書かなくてはなりません。しかも、先輩《せんぱい》がチェックして、かなりの修正指示が入るので、書き直しも必要です。それを何回もくり返して、ようやくゼミの先生へレポートを提出できます。

3年生は年に5回ほど調査に行くのですが、毎回、事前調査やアポ取りの準備に時間がかかり、ゼミの活動にどっぷりでした。4年生になると卒業論文のテーマに沿って取材先を決め、調査、執筆《しっぴつ》します。一方でゼミの作業や後輩《こうはい》の指導で4年生でも週に4、5回は大学に来ていました。この辺は、入るゼミによってまったく違《ちが》うと思います。

基本的なビジネスマナーを習得

ゼミ活動は大変でしたが、得たことはとても大きいです。社会人に対するメールの書き方や名刺交換《こうかん》の仕方など、基本的なビジネスマナーが身につきました。また、数多くの社長に話を聞くことで、ヒアリング力が鍛《きた》えられました。この力があると、気になることや知りたいことを引き出せるので、社会のいろいろな場面で役立つ武器になります。

さらにレポートを書くことで、文章作成能力が格段に上がりました。すべて社会人になると必要となるスキルなので、学生のうちに身につけることができてよかったです。

中小企業《きぎょう》に恩返しがしたい

就職に関しては、まず「ほんとうにやりたいことはなんだろう」と自分に問いかけました。最初に思《おも》い浮《う》かんだのが、「人の役に立ちたい」という思いでした。具体的にどんな

学生インタビュー

ゼミ活動でのひとコマ　　取材先提供

分野や仕事で役に立ちたいんだろうと、どんどん掘《ほ》り下《さ》げて考えた結果、いちばん役に立ちたいと思ったのが、ゼミ活動でお世話になった中小企業《きぎょう》でした。

多くの中小企業《きぎょう》ではまだまだＩＴ化が進んでおらず、そこに問題意識を感じていました。そこで、ＩＴの側面からサポートしたいと思い、それが可能な企業《きぎょう》を探しました。そのなかで高い技術力を有し、社会課題の解決に尽力《じんりょく》している日本ユニシスなら、やりたいことが実現できそうだと新卒採用に応募《おうぼ》。内定をいただきました。

卒業後は、ゼミで鍛《きた》えた情報収集力やヒアリング力などのスキルを活かして、中小企業《きぎょう》の生産性向上やコスト削減《さくげん》などに貢献《こうけん》したい。僕《ぼく》を成長させてくれた中小企業《きぎょう》への恩返しをしたいと思っています。

多角的な視点や考え方を習得 社会に出たら人の役に立ちたい

学生インタビュー 2

横浜国立大学《よこはまこくりつだいがく》

経済学部経済学科　4年生

下村龍也《しもむらたつや》さん

神奈川《かながわ》県出身。大学入学後は野球サークルに入部。普通《ふつう》自動車運転免許《めんきょ》の取得や家電量販店《りょうはんてん》でアルバイトを経験。しかしその後、視神経の病気を発症《はっしょう》し、2年生からほとんど視力を失う。友人や先生、支援室《しえんしつ》のサポートで大学生活を送り、市役所の内定を獲得《かくとく》した。

学問としての幅広《はばひろ》さにひかれて

高校3年生の大学選びの時、社会の基礎《きそ》をなす経済のことを幅広《はばひろ》く学べて、どんな業界、業種の職業に就いても役に立ちそうだと思ったので、経済学部を選びました。また、将来は人のためになる仕事をしたかったので、ぼんやりと公務員なんていいかなと。そのためにも、経済について学んだほうがいいかなと思ったんです。

横浜国立大学の経済学部で実際に経済学を学び始めると、社会における経済の大きな仕組みを学ぶマクロ経済学や、数学を使って計算する統計学、これまでの経済の歴史を学ぶ経済史などいろいろな科目がありました。想像以上に幅《はば》が広くて、奥《おく》が深い学問だなあと。なかでも特に興味をもったのは、社会政策や社会福祉系《ふくしけい》の科目と財政学です。大学に入ってより公務員になりたいという気持ちが強くなったので、これらの科目を取りました。今までまったく知らなかったことを学び、公務員になってからも活用できそうだったので、真剣《しんけん》に勉強しました。

有意義だったゼミでの学び

3年生から本格的に始まったゼミは、社会福祉《ふくし》経済学を選びました。実は大学1年生の終わり頃に視神経の病気にかかり、視力をほとんど失ってしまいました。

それまで、自分についてあまり考えてこなかったのですが、障害があることでより自分と向き合い、深く考えるように。それで、自分自身が当事者である、社会福祉《ふくし》の分野に興味をもつようになったんです。

また、社会福祉《ふくし》には、行政や当事者など、立場によっていろいろな考え方があります。それらを多角的に深く学べば、公務員になった時に役立つと思ったんです。

「福祉《ふくし》」とひと口にいっても、労働問題や高齢者《こうれいしゃ》問題などいろいろな問題があります。社会福祉《ふくし》経済学のゼミでは、今実際に起こっている社会問題を取り上げて、いろいろと議論しました。

3年生の前期では、社会福祉《ふくし》の本を輪読したり、先生が設定したテーマでディスカッションをするのがメインでした。後期は関心のある分野ごとに3、4人の小グループに分かれてテーマを決めます。それを研究して論文を書いて、最終的には人前で発表するんです。

僕《ぼく》らのグループのテーマは「リカレント教育」。これは、社会人がスキルアップのために学び直したり、いったん出産や育児で離職した女性が、仕事に復帰するために活用する教育のことです。

ゼミでは教室のなかで学ぶだけではなく、フィールドワークにもよく行きました。たとえばグループ研究では、メンバーといっしょにリカレント教育のシンポジウムに参加したり、NPOの生涯《しょうがい》学習の施設《しせつ》を訪問したりして、最新の取り組みにふれました。また、ゼミ全体でも、NPOが運営している地域密着型の保育園や横浜市役所の政策局に行き、活動内容を聞きました。このように大学の内外でいろいろな問題にふれて、たくさんの人の意見を聞けたことで、さまざまな考え方や視点を学び、知識を増やせたと思います。

最後の発表会は、いろいろな視点をもつために、分野の違《ちが》ういくつかのゼミと合同で行いました。この合同発表会には、横浜市役所の政策局の人が見にきてくれました。また、同志社大学の学生と合同で発表する機会もありました。他大学のゼミの学生と交流する機会は貴重で、いい経験ができました。

公務員として福祉《ふくし》の分野で働きたい

3年生の夏に5日間、横浜市役所でインターンシップを経験しました。その時、職員の方によくしてもらって好印象をもったので、横浜市役所の採用試験を受け、内定をいただきました。公務員は第一志望だったので、とてもうれしかったですね。

配属先はまだわからないのですが、僕《ぼく》自身、障害がある当事者なので、健康福祉局《ふくしきょく》の仕事に興味があります。公務員として行政課題に取り組む時は、ゼミで身につけた多角的な

学生インタビュー

ゼミでのグループワーク　取材先提供

視点や考え方から意見が出せると思います。また、高校時代に考えていたように、経済学部で学んだことを活かして、誰《だれ》かの役に立つ仕事ができるようにがんばりたいです。

経済学部に興味のある中高生のみなさんには、経済学は数学を扱《あつか》う科目も多いので、数学の勉強をしておくことをお勧《すす》めします。

また僕《ぼく》は高校時代、野球部に所属していて、3年生の最後まで部活をやりきり、その後は必死で受験勉強に打《う》ち込《こ》んで、大学に合格しました。だから部活動など、一生懸命《いっしょうけんめい》に取り組んでいることがある人は、後悔《こうかい》のないように最後までやりきったほうがいい。その後、気持《き》ちを切り替《か》えて、死にものぐるいでがんばれば、きっと間に合うはずです。

この経験は、大学入学後も社会に出ても、きっと役立つと思います。

学生インタビュー
3

水上スキー部で全国大会優勝 途上国の発展に貢献したい

取材先提供

立教大学《りっきょうだいがく》
経済学部経済政策学科　4年生
平田美凪《ひらたみなぎ》さん

東京都出身。大学では体育会の水上スキー部に入部。個人として全国大会のジャンプ種目で優勝するほか、女子チーフとして団体でも総合優勝に導く。ステーキ店でアルバイトも行うなど、多忙《たぼう》ながら充実《じゅうじつ》した学生生活を送る。

途上国《とじょうこく》の経済政策に興味

立教大学の経済学部経済政策学科を選んだのは、高校生の時、政治経済や現代社会の授業が好きで、大学でもより深く勉強したいと思ったからです。特にASEANなどアジア地域の新興国の経済事情に興味があり、国が発展するために施行《しこう》している政策について学びたいと思ったことも、大きな理由です。

経済学の勉強は予想以上におもしろかったです。1年生の必修では、経済の基礎《きそ》理論であるマクロ経済学やミクロ経済学を学んで、身のまわりで起こっている価格変動などの経済の基本的な仕組みが、すべて数式で表せることに衝撃《しょうげき》を受けました。数式は難しかったのですが、それも含《ふく》めて興味深かったです。

特に開発経済学は、もともと興味のあった

学生インタビュー

ASEAN諸国の開発、発展について、経済の視点で学ぶことができました。国が発展する時のモデルケースや国民性、地域によっても発展の度合いは少しずつ違《ちが》い、それを活かして発展させる方法などがとても興味深く、毎回の講義が楽しみでした。

立教大学では1年生の時に基礎《きそ》ゼミというゼミがあります。3、4人のグループごとに先生が指定した本のパートを読み、ほかのゼミ生にわかりやすく解説することで学びを深めることができました。

この基礎《きそ》ゼミで基本的な学びの作法を身につけて、2年生から本格的なゼミが始まります。私は原価計算のゼミに入りました。会計士の父が、原価計算の知識は企業《きぎょう》の経済活動を理解するために必要だから勉強しておいたほうがいい、と助言してくれたからです。

ゼミでは、先生が実際の企業《きぎょう》の財務諸表を教材にくわしく解説してくださったので、専門的な読み方ができ、その企業《きぎょう》の真の姿が見えました。それ以降、企業《きぎょう》の決算のニュースをより深く理解できるようになりました。

毎年10月には、卒業生や地域の方と交流を深める「ホームカミングデー」というイベントに、ゼミとして和菓子店《わがしてん》を出店しました。三つのグループに分かれてそれぞれ仕入れから販売《はんばい》までを行い、その結果を競います。

私たちは地域の和菓子店《わがしてん》に赴《おもむ》き、主旨《しゅし》を説明して「100個仕入れるので少し安くしてほしい」と交渉《こうしょう》。お店ではひとつ120円で販売《はんばい》しているまんじゅうを、100円で仕入れました。さらに、立教大学のマークを焼印することで付加価値をつけて、イベントではひとつ120円で販売《はんばい》。終了後《しゅうりょうご》は、ゼミで学んだ原価計算の手法を使って、和菓子《わがし》の仕入れ値、販売《はんばい》個数、売り上げから最終的な利益を算出して損益計算書をつくりました。学生でありながら実際に商売をして、損益計算書を作成する機会はなかなかないので、とても貴重で有意義なビジネスの体験学習ができました。ちなみに結果は2位。その利益で、メンバーとご飯を食べに行きました。

水上スキー部で全国大会優勝

大学時代に打《う》ち込《こ》んだのは部活です。スポーツが好きだったのと、立教大学が全国大会で何度も優勝している名門だったので、体育会の水上スキー部に入りました。

練習は週に3、4日。午前中に授業をまとめて受けて、午後から1時間半かけて江戸川《えどがわ》に行って練習したり。逆に朝練習して、午後から授業に出ることもありました。私は飛距《ひきょ》離《り》で争う「ジャンプ」という種目で、本格的な練習は琵琶湖《びわこ》で行っていました。3、4年生は自分の都合にあわせられる授業が多くなるので、週に5日間ほど琵琶湖で合宿をしていました。また、冬は暖かい場所に行って2週間ほど練習したり、春休みを利用して、アメリカのフロリダやオーストラリアへ行って、1カ月半ほど合宿をしていました。

部活中心の生活で猛練習《もうれんしゅう》のかいもあり、3年生の全国大会で個人3位、団体でも男女で総合優勝し、女子は史上初の5連覇《れんぱ》を成《な》し遂《と》げました。3年生の終わりからは女子部の部長を務めていたので、すごくうれしかったですね。この全国大会での優勝が学生時代いちばんの思い出です。

部活ではしっかり目標を立てて、そのため

学生インタビュー

水上スキーに夢中だった学生時代　取材先提供

に何をすべきかを考えます。あきらめずに打《う》ち込《こ》めば達成できることを実体験できたのが最大の収穫《しゅうかく》でした。同じ目標に向かってともにがんばった仲間たちも一生の宝ものです。

途上国《とじょうこく》の発展のために貢献《こうけん》したい

就職活動は、途上国《とじょうこく》の発展にかかわる仕事がしたいと考えていたので、海外で社会インフラを手がける企業《きぎょう》の採用試験を受け、最終的に鉄鋼専門の商社に決めました。

仕事では見積もりや契約《けいやく》に必要な書類を作成する機会も多いと思いますが、その時、ゼミで学んだ原価計算の知識が活かせそうです。また、ホームカミングデーの模擬店《もぎてん》で培《つちか》った接客スキルやコミュニケーションスキルも役に立つと思います。それらを活かして、途《と》上国《じょうこく》の経済発展のために貢献《こうけん》したいです。

学生インタビュー
4

模擬国連で最優秀賞を受賞 日本のために働きたい

上智大学《じょうちだいがく》
経済学部経済学科　4年生
岩佐真帆《いわさまほ》さん

東京都出身。高校時代は実行委員として文化祭に注力。大学では模擬《もぎ》国連サークルに入り、国際大会で優秀《ゆうしゅう》大使団賞と最《さい》優秀賞《ゆうしゅうしょう》を受賞。4年生の8月から翌年3月までフランスに留学。ビジネススクールと国際政治系の学部で学ぶ。

世界を変えるような仕事を志望

幼少期から医師にあこがれており、将来は医学の分野に進もうと考えていました。それでも大学進学時に経済学部を選んだのは、高校での文化祭で、チームワークの醍醐味《だいごみ》を知ったからです。高校3年間、文化祭の実行委員として、ジェットコースターや迷路などの出し物を、クラス全員で力を合わせてつくる機会をもちました。

この経験から、一人ではできないような大きなことも、みんなでチームワークを発揮すれば成し遂《なと》げられることを実感しました。そこで医師として患者《かんじゃ》さんと向き合うよりも、大勢の人たちと世界を変えるような仕事がしたいと思うようになりました。そのため、よりダイナミックさを感じた工学部か経済学部に進学したいと考えました。

選択《せんたく》の決め手となったのは、小学5年生の時に起こったリーマンショックの記《き》憶《おく》です。世界を一瞬で変える力をもつ、金融《きんゆう》の得体の知れない不気味さへの興味が再燃し、経済学部への進学を決意しました。

実際に入学し、経済学が本格的におもしろいと感じたのは、3年生のゼミでのことでした。開発経済学と計量経済学の両方を学べるゼミで、主に開発途上国の紛争《ふんそう》を研究していました。たとえば、マクロの視点では紛争《ふんそう》が国全体の経済成長に及《およ》ぼす影響《えいきょう》、ミクロの視点では紛争《ふんそう》が個人の収入や教育に及《およ》ぼす影《えい》響《きょう》などを学びました。

メインの研究テーマは、「コンゴ民主共和国の紛争《ふんそう》が人びとの職業選択《せんたく》に与《あた》える影響《えいきょう》」。研究では、まず仮説を立てて、紛争後《ふんそうご》、人びとが就いた職業や現在の年収などのデータを収集、分析《ぶんせき》して仮説を検証する実証分析《ぶんせき》という手法を取りました。実証分析時《ぶんせきじ》に数式を使うのですが、その時、計量経済学の知識が必要となるのです。

このゼミで得た最大の収穫《しゅうかく》は、経済学とはお金の動きだけでなく、人間の行動全般《ぜんぱん》を研究対象にできると実感したことです。また、これからの社会で、ますます必要とされるデータ分析《ぶんせき》の手法やリテラシーを学べたことも大きかったですね。

模擬《もぎ》国連のサークルで世界大会に

実は今のゼミを選んだのは、1年生の時に入った模擬《もぎ》国連活動を行うサークルの影響《えいきょう》が大きかったのです。模擬《もぎ》国連とは、国際連合などで行われている国際会議の模擬《もぎ》会議を行う活動です。

参加者は、一国の大使に任命され、その会議の議題に対して政策を立案し、その国の利益の獲得《かくとく》を決議案の採択《さいたく》を通じてめざします。担当した国の国益を考え、また対立する国といかにして合意を得るかを考えます。そして実際の会議では担当する国の国益の達成を第一義に交渉《こうしょう》を進めます。

このサークルに入った動機は二つあります。ひとつ目は、世界大会に出場したいと思ったこと。模擬《もぎ》国連のサークルに入って日本代表団の選考を突破すると、世界大会に日本代表として出場できることを知り、そのスケールの大きさに惹《ひ》かれました。

二つ目は、世界で起こっていることや、国と国との関係性、バランスを理解したいと思ったからです。それまで国際政治や国際問題について知識がほとんどなく、新しく知ることへの好奇心《こうきしん》をかきたてられました。

現在、日本全国で10個のサークルがあり、私は「模擬《もぎ》国連駒場《こまば》研究会」に所属し、さまざまな大学の学生とともに週1回、会議に向けた勉強会に参加しています。勉強会以外の日も、リサーチや会議戦略の立案などに取り組むことが非常に多く、毎日大学の図書館などで国際問題の研究や議論をしています。

このサークル活動を通じて、紛争《ふんそう》や安全保障に興味をもちました。それが研究できる経済学の分野として、開発経済学に行き着いたのです。加えて好きな数学を活かせる計量経済学も学べるので、今のゼミを選択《せんたく》しました。

2年生の終わりには、目標だった模擬《もぎ》国連の世界大会に日本代表団員として出場。オーストリア大使を務め、優秀《ゆうしゅう》大使団賞を受賞

模擬国連の世界大会に参加した岩佐さん　取材先提供

しました。また3年生の夏の全国大会では、ドイツ大使として参加したマーストリヒト条約改正会議で最高位である最優秀賞《さいゆうしゅうしょう》も受賞しました。

総合商社で日本に貢献《こうけん》したい

卒業後は、日本と世界の信頼《しんらい》関係の構築に貢献《こうけん》したいと強く思っています。私は、国と国との信頼《しんらい》関係は、外交のみならず、ヒト・モノ・カネの行き来や、情報の蓄積《ちくせき》の結果、構築されるものだと考えています。それをビジネスでもっとも実現しやすいのは総合商社だと考え、入社を決めました。

初心を忘れず、ゼミで学んだ開発経済学や計量経済学の知識、サークルで身につけた交渉力やプレゼンテーション力を活かし、思いを実現していきたいです。

4章

資格取得や卒業後の就職先はどのようになっていますか？

Q20 卒業後に就く主な仕事はなんですか？

ほとんどの学生が一般《いっぱん》企業《きぎょう》に就職する

これまで何度もふれているように、経済学は社会の仕組みや人が生きることに直結する学問なので、どんな仕事をする上でも役に立つ。だから、経済学部を卒業した人はあらゆる業界、業種の企業《きぎょう》や団体、官公庁に就職しているよ。なかでも特に多いのが銀行、証券、保険会社などの金融業《きんゆうぎょう》だ。マクロ経済学、ミクロ経済学、金融論《きんゆうろん》、会計学など、金《きん》融《ゆう》業界で働く上で活かせる科目をたくさん学ぶからだ。

つぎに多いのがＩＴ（情報技術）関係企業《きぎょう》だ。特に、近年はデータを扱《あつか》う業務の重要性が高まっているので、統計学や計量経済学を学んでデータ分析《ぶんせき》の基本的な知識やスキルを身につけている学生はひっぱりだこだ。ちなみに、データ分析《ぶんせき》ができて経済のこともわかっている人は、ＩＴ業界だけではなく、これからあらゆる業界・業種でニーズが上がるといわれているよ。

製造業の会社に就職する人も多い。大手企業《きぎょう》を志望する学生は多いけど、実は全体の8割は中小企業《きぎょう》で、大手の製品の大部分は中小企業《きぎょう》がつくっているんだ。中小企業論《きぎょうろん》や産業構造論を学んだ学生はそういうことを知って、規模は小さいけれどすごい技術をもっているメーカーに就職する学生が多い。また、製造業は原材料や部品を仕入れて製品をつくって売るので、原価計算論を学んだ学生も活躍《かつやく》できるよ。

そのほか、都市経済学のゼミで学んだ学生は、建築会社や不動産開発会社などに就職する人もいる。

国の省庁や都道府県庁、市区役所などの官公庁に就職する人も多い。官公庁は経済にかかわる仕事がたくさんあるから、公共経済学、地域経済論、財政政策、地方財政論、租税《そぜい》論《ろん》などで学んだ知識が役に立つ。また、経済学は社会のあり方やみんなが幸せになる方法を考える側面があるので、厚生経済学で学んだことが、行政機関やシンクタンクで社会保障の政策を立案する上で役に立つんだ。

このように、就職活動する際、大学で学んだ専門領域と関連性の強い会社や団体の採用試験を受けると合格しやすいんだ。だから、ゼミを選ぶ時は、将来自分がどんな仕事をしたいかを、ぼんやりとでもいいからイメージすることが大事なんだよ。

どんな職種でも活躍《かつやく》できる

職種に関しても、経済学を学ぶことで物事の本質を見極められる基本的な物の見方、考え方や論理的思考力、問題解決能力、コミュニケーション能力を身につけられるので、どんな職種に就いても活躍《かつやく》できる。たとえば、今の世の中の流れや経済動向が理解できれば、これから起きることが予想できるので、経営企画職《きかくしょく》として活躍《かつやく》できる。また、経済学の知識をもった上でプレゼン能力が高ければ、商品開発職や企画職《きかくしょく》、営業職として新しいビジネス提案などができて、高い評価が得られるだろう。

公認会計士や税理士になる人も

経営学科や会計ファイナンス学科で会計学、簿記《ぼき》、会計監査論《かんさろん》、財務会計論などを学んだ人は公認会計士や税理士になる人も多いよ。

公認会計士とは国家資格で、企業《きぎょう》の会計監査《かんさ》を行う人。株式を発行して広く社会から資金を調達する会社は、株主や取引先、金融《きんゆう》機関のほか税務署など官庁に対して、1年間の会社の経営の状況《じょうきょう》を報告することが義務づけられている。経営状況《じょうきょう》とは、事業による売り上げ、利益などの経営成績や年度末の資産や負債《ふさい》などの財政状態のことだ。それらを会社の経理部や財務部が集計し、作成したものが決算報告書や財務諸表。これらの数字に嘘《うそ》や誤りがあったら、多くの人が損失を被《こうむ》ってしまう。だから、ほんとうに正しいかどうかを帳簿《ちょうぼ》などと照らし合わせて検証することを会計監査《かんさ》といって、これを行うのが監査《かんさ》法人の公認会計士だよ。だから公認会計士は、「市場の番人」と呼ばれているんだ。

税理士は、税務に関する専門家だ。経済、会計、法律、経営などの専門的な知識で、複雑で難解な確定申告や納税について、税金の専門家として会社や個人事業主の依頼《いらい》に応じて、税務書類作成の代行をしたり相談に乗って指導や助言を行っている。主に中小企業《きぎょう》の経営コンサルタントとして活躍《かつやく》しているよ。

あらゆる業界・業種・職種で活躍《かつやく》できるよ

Q21 経済学部で取りやすい資格を教えてください

特に取りやすい資格はない

経済学部では、日本や世界の経済活動の全体的な仕組みや流れを学ぶので、経済学を学んだからといって簡単に取れる資格はない。しいていえば、教職課程を取れば、中学校の社会と高校の地理歴史・公民の教員免許《めんきょ》を取得できる大学が多いというくらいかな。

ただ、いくつかの国家資格は、その試験の出題科目や分野が重なるものもあるので取りやすいといえなくもない。その代表的な二つの資格と仕事内容を簡単に紹介《しょうかい》しよう。

国家三大資格のひとつ、公認会計士

公認会計士には、監査《かんさ》や企業《きぎょう》会計に関する高度な専門知識はもちろんのこと、経済や法律、経営全般《ぜんぱん》にかかわる幅広《はばひろ》い知識が必要とされる。だから試験は難しく、弁護士、医師とともに国家三大資格のひとつにあげられているんだ。

公認会計士になるための試験は短答式・論文式の2段階試験で、短答式試験に合格した人だけが論文式試験を受験できる。短答式試験はマークシート方式で12月と5月の年2回行われる。試験科目は財務会計論（簿記《ぼき》）、管理会計論、監査論《かんさろん》、企業法《きぎょうほう》。

論文試験は年1回、8月に行われる論述式の筆記試験。短答式試験の試験科目に、租税《そぜい》法《ほう》と選択《せんたく》科目（経営学、経済学、民法、統計学）の2科目分が加わる。論文式試験の合格基準は、受験科目の総合成績で得点比率52。つまり、いっしょに試験を受けた受験生の平均よりも少し上回れば合格できる。

ここ数年の合格率は、短答式試験が20〜25パーセントでだいたい4人に1人、論文式試験が35〜40パーセントで3人に1人は合格していることになる。ひと昔《むかし》前に比べたら、かなり合格率は上がっているよ。短答式試験や論文試験の試験科目は、多くの大学の経済学部にあるので、経済学部の学生がチャレンジしやすいといえる。ただ、そうはいっても一発で合格できる人や、公認会計士の予備校に通わずに大学の勉強だけで合格できる人は少ない。ある予備校の調べによると、合格するまでにだいたい2年から4年はかかるみたいだ。

しかも、試験に受かればすぐに公認会計士になれるというわけではないんだ。監査《かんさ》法人に就職して2年間業務補助を行い、同時並行《へいこう》で実務補習所に3年間通い、3年目に修了《しゅうりょう》考査を受験し合格しなければならない。
その後、日本公認会計士協会に登録して、やっと公認会計士になれるんだ。

「税金の専門家」税理士

税理士も経済、会計、法律、経営などの専門的な知識が必要とされるので、難関試験として知られている。

試験は例年8月上旬の年1回。受験資格はいろいろあるけれど、大学3年生以上で、法律学または経済学を1科目以上含む62単位以上を取得していること。卒業後だと、法律学または経済学を1科目以上履修《りしゅう》していれば受けられるので、経済学部の学生や卒業生は受験しやすいといえるね。また、日商《にっしょう》簿記《ぼき》検定《けんてい》1級

経済学部で取得をめざせる主な資格

- 中学校教諭一種（社会）
- 高校教諭一種（地理歴史・公民・商業）
- 公認会計士
- 税理士
- 各種公務員
- 行政書士
- 中小企業診断士
- 社会保険労務士
- ファイナンシャルプランナー
- 宅地建物取引士

合格者も受けられるよ。

試験科目は、会計学に属する科目（簿記論《ぼきろん》、財務諸表論）の2科目（必修）と、税法に属する科目（所得税法、法人税法、相続税法、消費税法または酒税法、国税徴収法《ちょうしゅうほう》、住民税または事業税、固定資産税）のうち受験者が選択《せんたく》する3科目（所得税法または法人税法のいずれか1科目は必ず選択《せんたく》）。税理士試験は科目合格制をとっていて、受験者は一度に5科目を受験する必要はなく、1科目ずつ受験してもいいことになっている。合格科目は生涯《しょうがい》有効だよ。合格は各科目60点以上で、例年の合格率は10～20パーセント。

そのほか、国家公務員試験、行政書士、中小企業診断士《きぎょうしんだんし》、社会保険労務士、ファイナンシャルプランナーなどの試験の科目も、経済学部で学ぶ科目と同じものが多いので取りやすいといえるよ。いろいろと調べてみよう。

お金がからむ資格が取りやすいよ

会計学
税法

Q22 意外な仕事でも活躍している先輩はいますか？

マスコミ・メディア企《き》業《ぎょう》など

Q20でも説明した通り、経済学部を卒業した人はあらゆる業界・業種・職種の仕事をしているので、基本的に意外な仕事というのはないよ。

就職する人の数が少ないという意味では、テレビ局や新聞社、出版社などのマスコミ業界だ。記者や編集者、ディレクター、アナウンサーなど、どんな職種でも経済学部で培《つちか》った論理的思考力、判断力、コミュニケーション能力を活かせる。特に事件・事故などの報道系やドキュメンタリー系は、経済学部で身につけた国内外の経済活動の仕組みや世界情勢などの知識、時流を読む力、特定分野の専門的知識などが役に立つだろう。

ジャーナリストやマスコミ志望の学生をサポートする講座を設置している大学もあるよ。マスコミ業界で活躍《かつやく》できる基礎《きそ》教養、豊かな表現力を身につけるため、個別指導を含《ふく》めてきめ細かなカリキュラムが用意されている。講師陣《こうしじん》は、新聞・出版・テレビ・広告の各分

野の第一線で活躍《かつやく》するジャーナリストで、毎回ニュースを素材にした講義が受けられる。将来、記者やジャーナリストになりたい人は調べてみよう。

社会問題解決系の仕事

また、経済学部は経済学的理論や実証、分析《ぶんせき》のスキルを使って社会問題を解決する学問でもあるので、政策立案のための調査や提案などを行うシンクタンク、コンサルティング会社に就職する人もいるよ。

あと、特定非営利活動（NPO）法人や非政府組織（NGO）などに就職する人も、少ないけれどいる。NPOとは、所轄庁《しょかつちょう》（都道府県知事または指定都市の長）から認証を受けた民間の非営利団体のことで、身近な地域で社会貢献《こうけん》活動を行う。一方、NGOは、国際的な問題解決に取り組む民間組織のことで、海外での活動が多い。格差や貧困など、途上国《とじょうこく》の経済問題を研究する開発経済学や経済発展論を専門に学んだ人は、そのスキルが活かせるだろう。

マスコミ業界やNPO、NGOに就職する人も

ゼミで身につけたスキルが営業の仕事に役立っている

卒業生インタビュー 1

セールスフォース・ドットコム
大企業《だいきぎょう》向《む》けインサイドセールス
明治大学《めいじだいがく》政治経済学部政治学科卒業

出野有香莉《いでのゆかり》さん

茨城《いばらき》県出身。高校時代にカナダへ留学し、大学3年生でも留学プログラムを利用して、スタンフォード大学に短期留学。サークルは声優・歌手の水樹奈々《みずきなな》のファンサークルに加入し、ライブの追っかけで全国各地をめぐる。

将来のために経済学のゼミを選択《せんたく》

大学では、1、2年生で経済や政治、地域行政、法律など基礎的《きそてき》なことをまんべんなく学びました。集中して勉強したので、単位は2年間ですべて取りきりました。3年生からはゼミ中心なので、2年生の秋にどのような分野についてより深く勉強するかを決めます。

実は、私は政治経済学部の政治学科の学生だったのですが、経済学科のゼミを選びました。これから社会に出て働く上で、どのように経済が回っているかを知ることが重要だと感じていました。なので、専門的に学ぶことが今後の人生の資産になると考えたのです。

経済学科のゼミで私が選んだのは、中小企《き》業論《ぎょうろん》のゼミです。私の実家はガソリンスタンドを経営している、まさに中小企業《きぎょう》でした。ちょうどゼミに入る頃に兄が継《つ》いだのですが、昔《むかし》から中小企業《きぎょう》は初代が隆盛《りゅうせい》させても、二代目で傾《かたむ》いて、三代目が潰《つぶ》す、とよく言われています。その説では兄の代で会社が衰退《すいたい》するので、それを防ぎたい。兄をサポートしていっしょに実家の会社を盛《も》り立《た》てたい。中小企業論《きぎょうろん》のゼミでは、そのための実践的《じっせんてき》な知識が学べそうだと思ったのです。

実際にゼミでは、さまざまな中小企業《きぎょう》の社長から仕事観や経営手法や課題解決について生の声を聞けたので、参考になりました。

3年生の時に幹事役に任命され、ゼミ合宿のスケジュール管理、ホテルや交通機関などの予約、当日の仕切りなどマネジメント全般《ぜんぱん》を担当しました。とても忙《いそが》しかったですね。4年生は卒業論文のテーマに沿ってヒアリングとレポート執筆《しっぴつ》を行います。私の卒論テーマは「企業《きぎょう》城下町における経営基盤《きばん》強化策とは」。さらに、後輩《こうはい》の指導も加わるので4年生になっても相変わらず多忙《たぼう》でした。

外資系IT企業《きぎょう》の営業職を志望

就職活動で第1志望だったのは、外資系のIT企業《きぎょう》です。その理由は、ITは先端的《せんたんてき》な分野なのでおもしろいと思ったこと。また、これから世の中がどんどん変化するなかでも、ITだけは絶対に、ますます必要性が上がると思っていました。外資系を選んだのは、パワハラやセクハラにとても厳しい上、性別に関係なく結果で評価される点に魅力《みりょく》を感じたからです。

職種は営業を志望しました。私は学生時代に居酒屋さんでアルバイトをしていたのですが、お店が暇《ひま》な時に外に出てお客さんの呼《よ》び込《こ》みをしていました。話術だけでお客さんを入店させなくてはならないので、営業の極みです。私は成功率がかなり高く、よくガラガラだった店内をお客さんで満席にしていました。それがうれしくて、バイト代が増えるわけでもないのに、一生懸命《いっしょうけんめい》にやっていました。営業に興味をもった原点です。

また、人材紹介《しょうかい》会社で内勤営業の有償《ゆうしょう》インターンをしたのですが、努力が目に見える数字として成果に結びつき、さらに成績に応じて収入が増えることにやりがいを感じました。

ゼミで学んだことが生きている

卒業後は、第1志望だった、アメリカに本社を置くセールスフォース・ドットコムに入社して、現在は営業職として働いています。

入社から1年間は「Salesforce《セールスフォース》」という顧《こ》客《きゃく》管理システム（CRM）を、大阪《おおさか》エリアの中小企業《きぎょう》に対して電話やメールで売《う》り込《こ》む内勤営業を担当しました。

いきなり電話をしてもなかなか話を聞いてくれないので、いかに興味をもってもらえるかが営業の腕《うで》の見せどころ。この仕事に、大学時代のゼミでの経験がすごく活かされました。たくさんの社長に何十回もヒアリングをしたことで、少し調べるとおおよその会社や社長の雰囲気《ふんいき》がわかり、怖気《おじけ》づかずにうまく話すことができたのです。

そのおかげで、1年目から好成績を上げることができました。机上の空論で議論をくり返す勉強より、実際に社会で働く人に会って生の声を聞く学びのほうが、社会に出てから何倍も役に立つと実感しています。

私の話を聞いてSalesforceを導入してく

仕事中の出野さん　取材先提供

だった時に、仕事のやりがいを感じます。私自身がお客さまの役に立つと確信してお勧《すす》めしているので、納得していただけるとうれしいのです。外資系の営業職としては、自分でPDCA（計画↓実行↓評価↓改善）を回すことで、成果が数字として出て、公正に評価される点が魅力《みりょく》です。

先日、これまでの営業成績が認められて、中小企業《きぎょう》への内勤営業から、大手企業《きぎょう》への内勤営業に昇進《しょうしん》したんですよ。その先にあるのが外勤営業です。内勤営業がアポイントを取り付けた会社の社長に、Salesforceの具体的な使い方や売り上げの伸《の》ばし方《かた》について直接提案する仕事です。学生時代から中小企《き》業《ぎょう》を支援《しえん》したいと思っていたので、もっとがんばって外勤営業に昇進《しょうしん》して、中小企業《きぎょう》の課題解決や成長に貢献《こうけん》したいですね。

卒業生インタビュー
2

経済学の知識を活かして データアナリストとして活躍

花王《かおう》グループカスタマーマーケティング
リテールテクノロジー研究部《けんきゅうぶ》
横浜国立大学《よこはまこくりつだいがく》経済学部経済システム学科
（現・経済学科）卒業

渋川《しぶかわ》 舞《まい》さん

取材先提供

静岡《しずおか》県出身。大学時代はテニスサークルに所属して、練習にはげむ。休日は温泉めぐりに熱中。アルバイトは先輩《せんぱい》の紹介《しょうかい》で、衛星放送のコールセンターで加入申《もう》し込《こ》み受け付けのオペレーターを経験。そのおかげで就職直後も電話応対をスムーズにこなせたそうだ。

将来の可能性を広くもちたくて

高校時代の進路選択《せんたく》で、将来のやりたい仕事がよくわからなかったので、どの学部に入ればいいか、かなり悩《なや》みました。いろいろと調べたところ、経済学は社会のベースの仕組みを学ぶ側面が強いことがわかりました。それを身につければ、大学在学中にやりたいことが見つかった時に、どの方面にも進めるだろうと思って経済学部を選びました。

実際に経済学を勉強してみたら、かなりおもしろくて。特に好きだったのは、ミクロ経済学です。個人消費や企業《きぎょう》の経済活動に焦《しょう》点《てん》を当てた科目なので、身近に感じられました。また、行動経済学も、人間の心理的な要因をからめてリアルな消費活動を研究する学問なので興味深かったです。

3年生からは農業経済学のゼミに入りました。日常生活に近いところで、実際に人びとがどのような経済活動をしているのかを知りたいと思ったからです。具体的に学んだことは、農作物の供給や流通、世界の食糧《しょくりょう》問題、都市農業や近郊《きんこう》農業、ITを駆使《くし》した農業のあり方などです。

基本的にゼミでは農業経済系の書籍《しょせき》を読み、みんなで議論するのですが、ときには実際に田んぼに行って田植えをしたり、農地や販売《はんばい》店《てん》で働いている人の生の声を聞いたりというフィールドワークも経験しました。このことによって、経済活動をリアルに実感できたことがとてもよかったです。

ゼミではいろいろな大学の学生や先生が集まって、農業にかかわる幅広《はばひろ》いテーマで研究したことを発表するイベントがありました。私は、フィールドワークで都市農業や近郊《きんこう》農業を営んでいる人に取材して、わかった課題や解決策をレポートにまとめて発表することもありました。文系のゼミではなかなかできないので、貴重な経験でしたね。

金融系《きんゆうけい》IT企業《きぎょう》に就職

就職活動時期になっても、まだどんな仕事がしたいのかわかりませんでした。なので最初は、経済学を勉強したなかで代表的であり、人が生きていく上で必要不可欠なサービスの金融《きんゆう》業界を志望しました。当初は人びとの日常生活に身近な銀行を希望していたのですが、しだいに銀行員としてお客さまに提案するよりも、金融《きんゆう》というサービスの仕組みを土台から変えたいと思うようになりました。

それならば、ITの側面からアプローチす

る必要があると思い、メガバンク系のIT企業《きぎょう》に入社。銀行のシステムに使われている古い技術を最新の技術に刷新するためのテクノロジーを研究して提案するという部署に配属されました。

そこで、銀行の毎日何億件という取引情報、いわゆるビッグデータを分析《ぶんせき》して、新しい技術を研究開発するという仕事をしていました。ただ、一生懸命《いっしょうけんめい》働いても、自分の仕事が人びとの暮《く》らしの役に立っているという実感がもてませんでした。それで、日常生活に近い仕事がしたいと思うようになったのです。

毎日いろいろな人が購入《こうにゅう》する日常消費財をつくっている企業《きぎょう》なら、日常のなかで自分のした仕事の成果をダイレクトに実感できるのではないかと思いました。それで、6年間勤務した後、生活用品メーカーである花王の系列会社に転職したんです。

大学で学んだことを直接活かせる仕事

花王グループカスタマーマーケティングは、花王がつくった商品の流通を担う販売《はんばい》会社です。ITや先進的な技術をビジネスに結びつけて解決策を提案する部門で、データアナリストとして、ビッグデータの分析《ぶんせき》やAIを使った商品の売り方を考案し、提案する仕事をしています。

この仕事をする上で大学での学びが役に立っています。まず、経済学部で学んだミクロ経済学は、メーカーの経済活動を理解する上でとても有効です。また、新しい販売《はんばい》方法を提案する際に、肌《はだ》感覚で「なんとなくこう思うから」では説得力に欠けます。そこで消費者の行動に直結する行動経済学などで学んだ

経済学の知識やスキルを活かして仕事をしています！　取材先提供

知識を根拠《こんきょ》に提案すると、説得力が増し、上司を納得させられるのです。ちゃんと勉強しておいてよかったと思いました。

そもそも行動経済学や環境《かんきょう》経済学、公共経済学はベースとなる経済学を仕事に応用する架《か》け橋《はし》となる学問なので、うまく繋《つな》げられると仕事にとても活かせます。

人の役に立っていることを実感

人びとの生活にいい変化や影響《えいきょう》を与《あた》えられていると実感できることが、仕事のやりがいです。また、扱《あつか》っているのが日常生活で使う物なので、私自身がふだんの生活で気付いたことを仕事に活かせるのが楽しいです。

今後はもっとＩＴやＡＩの技術を極めて、マーケティングに革新を起こすようなシステムをつくりたい。それが今の目標です。

経済学の枠組みを使って政府の政策立案に貢献

卒業生インタビュー 3

みずほリサーチ＆テクノロジーズ
上智大学《じょうちだいがく》経済学部経済学科卒業

利川隆誠《としかわたかのぶ》さん

取材先提供

東京都出身。都内の中高一貫校《いっかんこう》を卒業後、上智大学経済学部に入学。中高時代に引き続き、スキー部で活躍《かつやく》。卒業後は同大学大学院経済学研究科経済学専攻《せんこう》に進学。マクロ経済学を研究し、修了後はみずほリサーチ＆テクノロジーズに就職。６年間で学んだことを活かし、社会保障の分野で活躍中《かつやくちゅう》。

人の行動原理に強い興味

高校生の時に読んだ本に、「人は自分自身の自由意志で行動しているように見えるけれど、実はまわりの環境《かんきょう》や役割に多大な影響《えいきょう》を受けている」というようなことが書かれていました。それをきっかけに、人を行動に駆《か》り立《た》てるメカニズムをもっと知りたいと思い、いろいろな本を読みました。そのなかでいちばんピンときたのが経済学の入門書でした。「経済学は費用便益（都合がよく利益のあること）で人びとの行動を説明しようとする学問」という点に興味をもち、大学で深く勉強したいと思い、経済学部を選んだんです。

経済学の勉強は予想以上におもしろく、特に費用便益で物事を考えるようにモデルをつくっていけば、社会の仕組みもある程度説明できることがとても興味深かったです。

3年生からはゼミでマクロ経済学を専門に勉強しました。大きく二つの活動があり、ひとつはいろいろな本を読んでみんなで議論をする輪読。もうひとつは4、5人のグループに分かれて自分たちで決めたテーマに沿って研究し、論文を書いて、大会で発表するというものでした。輪読では、視野の広い先生のもとでまちづくりの本を読み、まちづくりに必要なことをディスカッションして、それを経済学の枠組《わくぐ》みで考えたりしました。

もっとも興味のあったマクロ経済学をより深く学びたいと思ったので、大学院の修士課程に進学。主に社会保障の分野におけるマクロ経済学の使い方について研究しました。修士論文では「教育投資と出生選択《せんたく》」をテーマに、親子世代の意思決定と国からの補助政策について、マクロ経済学のフレームワークを使い、途上国《とじょうこく》では子どもが多く、先進国では少なくなる理由を分析《ぶんせき》しました。

シンクタンクに就職

就職活動では、6年間で学んだ経済学の知識やスキルを活かせそうな業種に絞《しぼ》って採用試験を受け、みずほリサーチ&テクノロジーズに就職しました。当社は、国の政策が医《い》療《りょう》や雇用《こよう》などの社会保障に対して与《あた》える影《えい》響《きょう》について調査しています。シンクタンクならではの仕事であり、それまで研究してきた社会保障の分野にたずさわることができます。

入社後は、全国の医療《いりょう》や介護《かいご》分野の政策調査業務に3年間従事しました。具体的には、行政が新しい政策を実施《じっし》した時に、実際にどのくらいの効果を発揮しているのかを全国の病院にアンケート調査したり、訪問してヒアリングをしたりするのです。それらを集計、分析《ぶんせき》した結果を行政に提出し、行政はその結果を参考にして、つぎの政策を考えます。

この時、大学で学んだ知識や手法を活かせました。たとえば、課題をかかえている病院に対してどのような支援《しえん》を行うべきかを考える際、単にお金を渡《わた》せば、何にでも使えるのでベストのように見えます。しかし、政策としては必ずしもそうとはいえません。患者《かんじゃ》さんに国が勧《すす》める医療《いりょう》を提供してほしいというのが根本的な目的なので、そのためには施策《しさく》に必要な設備の導入などに限定して補助するほうが適切だと言えます。

このように政策が目的に沿った効果を発揮するために、行政や病院の要望や価値観の違《ちが》いを考慮《こうりょ》して、調査を組み立てる必要がありま

す。その際に経済学の理論が役に立っていると感じます。

通常、政策に関係する仕事はなかなかできません。みずからの仕事が元となって政策がつくられるのは、大きなやりがいです。

現在は、補助金事務局業務に従事しています。新型コロナウイルス感染症《かんせんしょう》の影響《えいきょう》で海外での生産活動が止まってしまったため、国内に生産拠点《きょてん》を移したい企業《きぎょう》に対して補助金を与《あた》えるという制度があります。応募《おうぼ》してきた企業《きぎょう》を調査して、有識者の意見も聞きながら優先順位をつけて、行政に報告する仕事です。

社会に出てから、学生時代に計量経済学の勉強をもう少ししておけばよかったなと感じています。たとえば、政策効果の検証や、ある製品やサービスをどのような人たちが買うかを調査するマーケティングの分析《ぶんせき》には、計

ヒアリングをして集計、分析していきます

量経済学の手法が使えるので、多くの企業《きぎょう》の仕事で役に立つでしょう。大学院に進学したくらいなので、経済学という学問に強い思い入れがあります。それを使って、社会に少しでも貢献《こうけん》したいです。

悔《く》いのない生き方を

経済学には「機会費用」という用語があります。何かをやらなかった場合、どれだけ損をするかという考え方です。たとえば、時給1000円のアルバイトを休んで友だちと遊びに行くという選択《せんたく》をした時、その理由はバイトをして得られるお金よりも、友だちとの遊びで得られる価値のほうが高いと判断したということでしょう。みなさんには後悔《こうかい》してほしくないので、やらなかったら後悔《こうかい》しそうだと思うことはぜひやってみてください。

公認会計士資格を取得し経営者に向かって邁進中

卒業生インタビュー 4

M&A 総合研究所《そうごうけんきゅうじょ》
取締役 CFO（最高財務責任者）
立教大学《りっきょうだいがく》経済学部会計ファイナンス学科卒業

荻野《おぎの》 光《ひかる》さん

東京都出身。私立中高一貫校《いっかんこう》を卒業後、立教大学経済学部に進学。公認会計士をめざして1年生から予備校に通い、4年生でみごと合格。卒業後は日本最大級の監査《かんさ》法人に会計士として就職。6年間勤務した後、現在の会社に転職。つぎの目標は経営者だ。

取材先提供

公認会計士をめざして

父が会社の社長だったので、僕《ぼく》も10代の頃から自分で会社を経営したいと思っていました。高校2年生の時にその父が、「会計の知識はどんな仕事にも役に立つ」と助言してくれました。また、当時『監査《かんさ》法人』というテレビドラマを観て、監査《かんさ》法人の公認会計士はいろいろな会社へ監査《かんさ》をしに行くことを知って、おもしろそうだなと。この二つの理由から、まずは監査《かんさ》法人の会計士になろうと思ったんです。

そのための勉強ができると思ったので、立教大学経済学部の会計ファイナンス学科を選びました。この学科では、1年生から簿記《ぼき》や会計学が必修だったので、金融《きんゆう》の仕組みや会計の基本原理が学べました。

しかし、公認会計士の試験は、大学の授業だけで合格するのはほぼ不可能です。ですので、1年生の後期から会計士試験の予備校にも通い始め、ひたすら試験に合格するための勉強に打《う》ち込《こ》みました。

2年生からは原価計算のゼミに入り、主に日商簿記《にっしょうぼき》2級のテキストを輪読しました。簿記《ぼき》のテキストのなかにあるいろいろなテーマごとに担当を振《ふ》り分《わ》け、担当者はそれについて調べて簡単な資料をつくって、ほかのゼミ生にわかりやすく解説していきます。テキストを読むだけではなく人に対して説明することによって、より理解が深まりました。

大学の授業でおもしろかったのは、上級簿《ぼ》記《き》です。先生が元監査《かんさ》法人で働いていた公認会計士で、現役の会計士時代に経験したリアルな具体事例が非常に興味深かったです。会計士をめざしていたので貴重な授業でした。

念願の公認会計士試験に合格

そして4年生の8月に2度目の公認会計士試験にチャレンジして、合格しました。大学における最大の目標を達成できて、とてもうれしかったです。11月の合格発表後に就職活動を開始し、五つ受けた大手監査《かんさ》法人すべてから内定をいただきました。ゼミでの活動が面接において高く評価されたようです。

監査《かんさ》法人に就職してからは、会計ファイナンス学科と会計士予備校で学んだ簿記《ぼき》や会計系の知識がすべて役立ちました。

仕事では全国各地の大小さまざまな企業《きぎょう》に赴《おもむ》いて、その企業《きぎょう》の経理部が作成した決算書に記載《きさい》されている売上や利益の金額が、ほんとうに正しいのか、さまざまな監査《かんさ》手続きで確認していきます。

大企業《だいきぎょう》の監査《かんさ》ともなると、30～40人のチームをつくって、みんなで1年間かけて契約《けいやく》書《しょ》や請求書《せいきゅうしょ》、出入金の記録などあらゆる数字をチェックしていきます。ものすごく大変ですよ。本社だけではなく、地方にあるすべての支社や支店もまわって確認するので、作業量は膨大《ぼうだい》になります。

将来の夢《ゆめ》の実現のために転職

そんな6年間を経験した後、M&A（企《き》業《ぎょう》同士の合併《がっぺい》や買収）の仲介《ちゅうかい》を手がけるベンチャー企業《きぎょう》に転職しました。自分でビジネスをやりたいという目標に近づくためです。

確かに監査《かんさ》法人では、たくさんの会社の経営状況《じょうきょう》を見られるので、ビジネスの勉強にはすごくなります。しかし、やはり部外者として見るだけの仕事は、自分で事業をする感覚とはまったく違《ちが》うことを痛感しました。だから、将来経営者になるためには、これから成長する小さな事業会社に入って、自分自身の手で会社を成長させる仕事を経験する必要があると判断したのです。

現在の会社には、企業《きぎょう》の財務を統括《とうかつ》する最高財務責任者として入社したのですが、管理部門の統括者《とうかつしゃ》でもあります。ですので、会計士時代の経験がそのまま生きる経理・会計についての仕事はほんのわずか。監査《かんさ》法人時代には縁《えん》のなかった人事や労務、総務など、会社を円滑《えんかつ》に運営するための仕事も数多くあります。しかし、大学で学んだ会計に関する知識や、物事の本質をとらえるスキルは、会社を理解して大きく成長させるために、とても役立っています。

会社を運営するために日々、奮闘しています　取材先提供

現在は社長とともに会社の経営にかかわっているので責任は重いですが、自分の意思決定が会社の成長に直接貢献《こうけん》するので、大きなやりがいがあります。今後の目標は会社を上場させ、歴史に名を刻む会社にすることです。

この本を読んでいる読者のなかには、学校の勉強で苦労している人も多いと思います。しかし、学生時代というのは、自分に合った勉強スタイルを見つけるためにとても貴重な期間です。勉強スタイルとは、勉強する時間帯、場所、やり方などです。これだけ勉強に時間を使えるのは学生のうちだけ。社会人になっても勉強は一生続くので、その際に自分なりの勉強スタイルが確立していると困ることがありません。自分なりの勉強スタイルを模索《もさく》する時間ととらえ、勉強に前向きに取り組むことをお勧《すす》めします。

5章

経済学部をめざすなら何をしたらいいですか？

Q23 経済学部のある大学の探し方・比べ方を教えてください

興味・関心や教員で決める

経済学部は、美術大学や音楽大学など特殊《とくしゅ》な大学を除けば、国公立、私立を含《ふく》めてほぼすべての大学にあるといっていい。「経済学部」という名前の学部がなくても、ほかの学部や学科で経済学を学べる大学もある。ただし、同じ経済学部でも、大学によって学べることは違《ちが》う。前にもいったけど、経済学が扱《あつか》う範囲《はんい》はものすごく広く、専門分野も細かく分かれているからだ。まずはそのたくさんある学科名や科目名を調べて、なんとなくでもいいからおもしろそうだな、もっと知りたいなと感じた分野を探してみるといいよ。

たとえば、経済学を全般的《ぜんぱんてき》に学びたいなら経済学科、企業《きぎょう》経営を専門に学びたければ経営学科、世界の経済に興味があれば国際経済学科、官公庁の経済政策に興味があれば経済政策学科のある大学を探してみる。細かい分野でいえば、途上国支援《とじょうこくしえん》に興味があれば開発経済学、人の心理が経済活動に及《およ》ぼす影響《えいきょう》を知りたいと思えば行動経済学、数学を使った実証分析《ぶんせき》に興味があるなら計量経済学のある大学を探してみよう。ある先輩《せんぱい》は、「高校生の時、経済学といってもぼんやりとしたイメージしかもっていなかったけれど、たまたまテレビで環境《かんきょう》経済学の教授のインタビューを見て、環境《かんきょう》に配慮《はいりょ》した経済学という分野もあるんだと興味をもち、環境《かんきょう》経済学が学べる大学に入った」と話していたよ。

興味や関心で決めきれない場合は、教育内容や教員で決めるという手もある。たとえば、教室の中で理論だけを学ぶのではなく、実際に働く人や消費者とふれあって、社会で営まれている経済活動を学びたいという人は、フィールドワークを重視している先生がいる大学を選ぶといいよ。また、これからますますニーズが高まるデータ分析《ぶんせき》に興味がある人は、その分野に注力していたり、数多くの実績をもつ教員がいる大学を選ぶといい。こういうことは、大学のホームページの教員紹介《しょうかい》ページを見ればわかるよ。実際に、自分が学びたい経済学の専門分野のある大学を2校受けてどちらも合格した先輩《せんぱい》は、偏差値《へんさち》は低かったけれど、授業を受けたいと思った教員がいるほうの大学を選んだといっていたよ。

将来の夢《ゆめ》、目標で決める

将来やりたい仕事や叶《かな》えたい夢《ゆめ》が決まっている人は、そのために必要な分野が専門的に学べる学科、科目がある大学を選ぶといいだろう。たとえば、生まれ育った地元が経済的に廃《すた》れているので盛《も》り上《あ》げたいからと、地域経済学や農業経済学があり、かつ1年生からそのようなゼミに入れる大学を選ぶ学生もいる。ある大学の経済学の先生は、「目的意識をもっている学生は伸《の》びる。教える先生もより熱が入る」と話していたよ。また、将来公認会計士や税理士になりたい人は、会計ファイナンス学科や会計学、管理会計論、原価計算論、租税論《そぜいろん》などを学べる大学を選ぶといいだろう。

立地や留学制度なども要チェック

経済学の学びの特色以外の要素でも、大学を選ぶ際のポイントはいくつかある。たとえば、大学の所在地。同じ4年間を過ごすのでも、都市部にあるキャンパスと都市部からかなり離《はな》れた自然豊かなところにあるキャンパスとではだいぶ違《ちが》う。大学生活はもちろん勉強がメインだけど、それ以外の私生活の部分も大きいので、どんな環境《かんきょう》で大学生活を送りたいのか、よく考えて選ぶことをお勧《すす》めするよ。

また、海外留学したい人は、留学制度についてもよく調べよう。世界的に有名な大学と提携《ていけい》していて、経済学や語学に関してトップレベルの教育を受けられる制度や、選考をクリアすれば留学費用を免除《めんじょ》してくれる制度などを設けている大学もある。また、英語教育についてはネーティブの講師による高度な教育プログラムを提供している大学もある。

オープンキャンパスに行こう！

これまで紹介《しょうかい》してきた大学選びのポイントは、インターネットや大学のガイドブックなどでも調べることができるけれど、やはり実際に大学に行って、五感すべてで感じたほうがいいよ。4年間過ごすとなると、大学の周辺環境《かんきょう》もかなり大事だからね。そのために、各大学が開催《かいさい》しているオープンキャンパスに行ってみよう。在校生などがガイド役となって学内の建物や施設を案内してくれる「キャンパスツアー」や、教員やスタッフが教育方針やカリキュラム、授業内容、就職状況《じょうきょう》、入試の詳細《しょうさい》などについて説明してくれる「入試説明会」、教員が学べる学問について授業形式で講義してくれる「模擬《もぎ》授業」など、その大学をよく知ることができるイベントが盛《も》りだくさん。参加するためには、サイトや電話で予約が必要なので、事前にチェックしておこう。都合が合わず、オープンキャンパスに行けなくても、事前に大学へ連絡《れんらく》して受験希望者だと伝えれば、学内を案内してくれる。とにかく、入りたい大学は極力自分の目で確かめることをお勧《すす》めするよ。

いろいろな角度から調べて、実際に大学に行こう

Q24

かかわりの深い教科はなんですか？

大学で学ぶ基礎《きそ》となる公民（政治経済）

経済学と直接的にかかわりの深い教科といえば、その名の通り公民のなかの政治経済だ。この授業で学ぶ「経済社会の変容と現代経済の仕組み」や「国民経済と国際経済」「現代日本や国際社会の政治や経済の諸課題」は、そのまま大学で学ぶ経済学の基礎《きそ》となる。高校時代に政治経済をしっかり学んだ人は、大学での授業にもすんなりと入っていけるだろう。

経済の歴史は人間の歴史

日本史、世界史などの歴史もとてもかかわりが深い。現状の世界史、日本史は政治的な側面からのアプローチが多いけれど、歴史を学べば、世の中を動かしてきたのは歴史の表舞台《おもてぶたい》に現れてこない一般《いっぱん》の人びととの経済的な営みであることがわかる。別の言い方でいうと、今の人間の営み、つまり経済活動や経済システムは、歴史の積み重ねでできあが

っている。前のこのやり方はダメだったから、今度はこのやり方でいこうという試行錯誤《さくご》の上に現在がある。これを知ることで、今の世の中は人類誕生《たんじょう》から連綿と繋《つな》がっている時間の流れのなかの一部である、という相対化する視点を養うことができる。これは、大学で経済史を本格的に学ぶようになった時、とても役に立つんだ。

ほかにも、歴史を学ぶといろいろな面で有益だ。たとえば、室町《むろまち》時代から農家が農作業の合間に手づくりで物品をつくり始めている。それにともなって生まれた問屋と問丸《といまる》が、日本の卸売り業《おろしうりぎょう》と運送業の始まりだ。日本にはこれらが脈々と受《う》け継《つ》がれ発展してきたおかげで、他国のように大きなリスクを負わなくても製造者はものづくりに、販売者《はんばいしゃ》は売ることに専念できる。たとえばラーメン屋を始めたいと思ったら、問屋にお願いすればすべて道具を準備してくれるので、明日からでも始められる。そんな国は日本だけで、400年から500年の歴史をかけて発展した卸売り業《おろしうりぎょう》があるからなんだ。また、戦国時代に織田信長《おだのぶなが》が実施《じっし》した楽市・楽座なども、規制を緩和《かんわ》して商人が自由に商売ができるようにした経済政策だ。このような歴史が、大学で経済学を学ぶ上で全部役に立つんだ。

経済と切っても切《き》り離《はな》せない数学

経済学部は文系なので、受験に数学は必須《ひっす》ではないけれど、数学も経済学と深い関係がある。1章でもふれたけれど、経済学は不況《ふきょう》、貧困、失業、格差、財政危機、金融《きんゆう》不安など、現実に起きているさまざまな経済問題の解決策を考える学問だ。そのためにはまず、諸問題が発生する原因やメカニズムを突き止《つと》めなくてはならない。その時に、理論モデルや統計データによって、論理的・実証的に分析《ぶんせき》する必要があるんだ。

たとえば、ミクロ経済学やマクロ経済学などでは理論を数式で表すことが多いし、理論モデルをつくる際に数学を使う。また、統計学や計量経済学の授業では、データ分析《ぶんせき》をする際に数学の知識が必須《ひっす》となる。だから、大学で経済学を学ぶ上でもちゃんと理解する上でも、数学の基礎的《きそてき》な知識が必要になるんだ。

「自分は数学が大の苦手なんだけど……」という人も心配ご無用。経済学のすべての科目で数学が絶対に必要、というわけではないからね。歴史や思想、言語や文化などに関する科目など、数学を使わない科目もたくさんある。それに、確かにミクロ経済学やマクロ経済学も数学は使うけれど、「先生は簡単な問題から始めて、徐々《じょじょ》にステップアップしていくような教え方をしてくれたから、数学が苦手でもだいじょうぶだった」と話してくれた先輩《せんぱい》もいたよ。また、ある先生は「計量経済学や原価計算論など、一見数学の高度な知識やテクニックが必須《ひっす》と思われる科目でも、基本的な原理がわかればその先の計算はコンピュータでやるので、数学が得意ではない人でもついていける」と教えてくれたよ。だから、数学が苦手な人でもだいじょうぶだけど、一方ですべての科目で論理的な思考力は必要となる。それを鍛《きた》えるのは数学だから、やっぱり数学はかかわりが深いんだ。

読解力や文章力も必要となる

大学のゼミでは専門書を読んで理解して、自分なりの解釈を人に説明する輪読という授業があるので、読解力が必要とされる。さらに高校までとは違《ちが》い、大学の試験は「○○について論じなさい」という論述形式が多いし、先生によってはものすごい量のレポートを書かされるゼミもあるので、文章力も必要となる。**だから国語もかかわりが深い教科だよ。**

国際経済を学ぶために英語は必要

もちろん、経済は日本国内だけではなく、世界中で回っているので、国際経済を学ぶことが大事だ。**その時に英語が必要となるよ。**それに英語が得意なら、受けられる科目の選《せん》択肢《たくし》が広がるしね。特に、留学したい人や将来海外で働きたい人は英語力が必須《ひっす》となる。

公民、歴史、数学、国語、英語とかかわりが深いよ

Q25 学校の活動で生きてくるようなものはありますか？

積極的にグループワークの授業に取り組む

早い大学では1年生から、多くの大学では3年生から本格的に始まるゼミでは、ひとつの経済学に関するテーマについて担当教員や学生と議論したり、人前で発表する。この学びを通して、社会問題を解決するために必要な専門知識を吸収し、論理的思考力、判断力、プレゼンテーション力などを養うんだ。でも、中高生時代にこういった学びを経験していなければ、意見を求められてもうまく発言できなかったり、思うように反対意見が言えなかったり、うまく発表することができなかったりして困ることになる。

そこで、積極的にグループワークの授業に取り組むことをお勧《すす》めするよ。特に、あるテーマについて書かれた資料をグループに分かれて読み、その担当パートについて自分なりに理解して発表し、意見を言い合うのは、まさに大学のゼミで行う輪読だ。中高生時代、こういった授業に慣れておけば、大学での学びにすんなり順応できるよ。

経済活動の現場を見られる社会科見学

経済学部のゼミのなかには、いろいろな会社や工場、農場に行って生産活動の現場を見学したり、そこで働く人に話を聞くフィールドワークに力を入れているゼミも多い。**だから中高の授業の一環《いっかん》として行われている社会科見学に積極的に参加すると、そういうゼミに入った時に役に立つし、経済活動の一端《いったん》を知ることができるよ。**なかには東京証券取《とうきょうしょうけんとり》引所《ひきじょ》や日本銀行本店《にほんぎんこうほんてん》、貨幣博物館《かへいはくぶつかん》など経済学と関係の深い場所を見学コースに組み入れている高校もある。もしできるなら、先生にリクエストしてみよう。

また、文化祭でクラスや部活で出し物をする際、可能ならば喫茶店《きっさてん》でもたこ焼き屋でもいいから、お金を稼《かせ》ぐお店を出してみるのもいいよ。簡単な出店だって、何かを仕入れて、付加価値をつけて売ることは立派な経済活動だ。最後に経費や原価、売り上げ高、利益などを計算して損益計算書を作成すると、お金の流れがわかってなおいい。このような自分が経済活動の主体となる経験も、将来経済学部で学ぶ時に生きてくるよ。

グループワーク、社会科見学、出店体験などが生きてくる

Q26

すぐに挑める経済学部にかかわる体験はありますか？

読書が大切

経済学部のゼミでは、経済関係の専門書や論文を読んで内容を自分なりに解釈して意見を交わす「輪読」という授業がある。だから大学での学びには、まず読解力が必要となる。同じ本を読んでも、読解力によって理解度が違《ちが》ってくる。読解力はいろいろな本をたくさん読むことでしか身につかない。それに、ふだんから本を読んでいる人とそうでない人では、会話のレベルや知識量、思考の深さに歴然とした差が出る。だから、読書が大事なんだ。ある先輩《せんぱい》は、「高校時代にあまり本を読まなかったから、大学の授業で苦労した。だから大学時代に、200冊以上本を読んだことで読解力がついた」と話していたよ。

読む本は何も難しい本じゃなくてもいい。ライトノベルでもいいし、ノンフィクションでもビジネス書でもいい。まずは自分の興味・関心のある本から始めよう。本が好きな人は、ふだん自分が読まないジャンルの本を読むことも心がけよう。知識が増え、読解力や

思考力もさらにみがかれるからね。直接的に役に立つのは、『高校生のための経済学入門』のような本。経済学について身近な事例をあげつつ、高校生でもわかるようにやさしく書かれているから、くり返し読むことでいい予習になるよ。

新聞を読んだり、ニュース番組を見る

大学の経済学部では経済の仕組みや動きを学ぶので、常識的な時事問題について知っておく必要がある。経済用語もたくさん出てくるので、何も知らないと理解するのに苦労するし、その後の知的成長にも大きく影響《えいきょう》する。だから経済学部に入りたいなら、日常的にニュースを見たり新聞を読んだりして、経済の基本的な知識や情報をたくさん仕入れておくことをお勧《すす》めするよ。たとえば、最初は株価や為替《かわせ》の上下、インフレ、デフレという用語が登場する経済系のニュースは難しいかもしれないし、意味がわからないかもしれない。それでもいいので、見たり読んだりするくせをつけておこう。そうすると、段々にわかってくるし、経済の講義も、しっくり腑《ふ》に落ちて自分のものになりやすくなるよ。

すぐに調べるくせをつけておこう

ニュースや新聞の内容は中高生には難しいことが多いけれど、わからないことをわから

ないままにしていたら、いつまで経っても理解することはできないよね。今はスマートフォンですぐに調べられるから、わからない用語が出てきたら検索《けんさく》してみよう。たとえば、なぜ不景気といわれているのに株価が上がっているのかなど、経済ニュースで疑問に思ったことは調べてみる。今のうちからそういうくせをつけておくと、大学のゼミなどで調べる時に有利だよ。

書くことも重要

4章でもふれたけれど、大学に入ったら文章を書く機会が増える。だから、暗記は得意だけど文章を書くのが苦手という人は、今のうちから100字でも200字でも、ニュースや新聞で見聞きしたこと、読んだ本の内容、学校の授業で習ったこと、遊びなどの体験したことなどについて、自分の意見や感想を書く練習をしておこう。文章は、書けば書くほど上達するからね。

また、文章は人に伝わらなければ意味がない。書くことに慣れている人、好きな人、得意な人は、もう一歩進んで、どうやったらより相手に伝わるかということを念頭において書くことを心がけよう。そういう意味では、ブログやSNSで日記を書くのもいい。読む人を意識して、わかりやすく伝わるように書こうとするくせがつくからね。

ある大学の経済学部の教授は、「文章力は現代の大学生のいちばん弱い部分。小さいころから日記を書いていた学生は、書くことに対する抵抗感《ていこうかん》がないし、文章力も上達する。これが大学に入った時に役に立つ」と教えてくれたよ。

自分で買い物をする

中高生でも今すぐできる経済の体験は、予算内での買い物だ。自分の服や靴《くつ》はお小遣《こづか》いのなかでやりくりできるけど、両親が毎日行っている、買わなければならない必要な物をテキパキと予算内で買うことは、かなりの高度なスキルが必要となる。これを経験すると、社会を見るひとつの目を養える。

たとえば、このスーパーマーケットは野菜は安くていい物がそろっているけれど肉はいまいちなど、強みや特色がお店ごとにあって、世の中の食や生活を支えている。そのような多様性があるからこそ、私たち消費者は多様な選択肢《せんたくし》をもててより豊かな暮《く》らしができる。このようなことは、世の中の仕組みを学ぶ経済学の勉強に何かしら生きてくるよ。

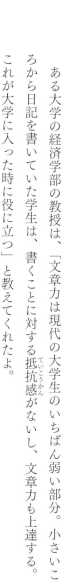

読書や買い物など今すぐできることはたくさんあるよ！

著者紹介

山下久猛（やました ひさたけ）

フリーランスライター、編集者。出版社や転職サイトなどで編集、執筆を経て独立。現在はフリーランスとして雑誌、書籍、ウェブサイトの編集、執筆にたずさわっている。テーマは仕事、キャリアなど。さまざまな職業人の仕事観、人生観、歩んできた道のりを聞いて伝えることをライフワークとしている。著書に『魂の仕事人』（河出書房新社）、『新聞社・出版社で働く人たち』（ぺりかん社）、構成に『拘置所のタンポポ――薬物依存 再起への道』（双葉社）などがある。

なるにはBOOKS 大学学部調《だいがくがくぶしら》べ

経済学部《けいざいがくぶ》 中高生《ちゅうこうせい》のための学部選《がくぶえら》びガイド

2021年5月20日　初版第1刷発行
2022年6月10日　初版第2刷発行

著者　山下久猛
発行者　廣嶋武人
発行所　株式会社ぺりかん社
〒113-0033　東京都文京区本郷1-28-36
TEL:03-3814-8515(営業)/03-3814-8732(編集)
http://www.perikansha.co.jp/

装幀・本文デザイン　ごぼうデザイン事務所
装画・本文イラスト　保田正和
写真　山下久猛
印刷・製本所　株式会社太平印刷社

ISBN978-4-8315-1589-6
Printed in Japan